BARBARA KEESLING  BAD GIRL SEX!

*Für alle Good Girls,*
*die Lust auf mehr haben …*

BARBARA KEESLING

# BAD GIRL SEX !

Was Good Girls
über Lust
und Verführung
wissen wollen

Aus dem Englischen
von Susanna Daum

ARISTON

Die Originalausgabe erschien 2001 unter dem Titel
*A Good Girls Guide to Bad Girl Sex*
bei M. Evans and Company, Inc., New York / USA

Die Deutsche Bibliothek – CIP-Einheitsaufnahme
Keesling, Barbara:
Bad Girl Sex! : Was Good Girls über Lust und Verführung wissen wollen /
Barbara Keesling. Aus dem Engl. von Susanna Daum. – Kreuzlingen ;
München : Hugendubel, 2002
(Ariston)
Einheitssacht.: A Good Girls Guide to Bad Girl Sex <dt.>

Umschlaggestaltung: Zembsch' Werkstatt, München
Produktion: Maximiliane Seidl
Satz: EDV-Fotosatz Huber / Verlagsservice G. Pfeifer, Germering
Druck: Huber, Dießen
Printed in Germany
ISBN 3-7205-2356-X

# Inhalt

# Vorwort

Alle Good Girls, die ich kenne, wünschen sich tief in ihrem Herzen, ein Bad Girl zu sein. Sie sehnen sich danach, dass man sich nach Ihnen umdreht, wenn sie vorbeigehen, dass man anerkennend nickt, wenn sie reden, dass den Männern heiß wird, wenn sie den Raum betreten und ihnen der Atem stockt, wenn sie ihn wieder verlassen.

Den meisten von uns wurde das allerdings nie beigebracht. Wenn Sie so sind wie die meisten Frauen, die ich kenne – und das nehme ich an – dann wurden Sie wahrscheinlich auch dazu erzogen, die richtigen Dinge zu tun und zu sagen – höflich, freundlich, anständig und bescheiden. Sie sollten eine »Dame« sein. Kurz und gut – ein Good Girl.

Vor allem in einer Situation wurde von Ihnen vollkommene Zurückhaltung und perfekter Anstand erwartet – in der Situation, in der schon bei einer Spur Verwegenheit größte Gefahr lauert: hinter verschlossener Tür in den Armen eines Mannes. Warum? Weil Sex etwas Zärtliches, Sanftes, Besonderes, Liebevolles, Leises, Privates und sehr, sehr Weibliches sein sollte – etwas, das man in den ruhigen Abendstunden mit dem Menschen teilt, den man liebt – ganz diskret.

Die Gesellschaft hat dieses Bild in den meisten von uns verankert, und um ihm gerecht zu werden, müssen die Frauen einfach brav sein.

Haben Good Girls überhaupt Sex? Natürlich. Good Girls dürfen sogar Spaß am Sex haben – aber nicht zu viel. Good Girls gieren natürlich nicht nach körperlicher Liebe, sie sprechen auch nicht darüber. Good Girls leben den Sex nicht – all das ist den Bad Girls vorbehalten.

Oh, diese Bad Girls. Sie kennen sie gut. Jahrelang haben Sie ihren Geschichten gelauscht und beobachtet, wie man sich nach ihnen umdrehte. Warum sind sie so sexy? So frei? Und wie fühlen sie sich dabei? Wenn es Ihnen so geht wie mir, dann haben Sie sich all diese Fragen schon gestellt. Ich möchte Ihnen dabei helfen, die Antworten zu finden. Antworten, mit denen Sie leben – und lieben – können.

Mein Name ist Barbara Keesling und ich arbeite seit über zehn Jahren als Sexualtherapeutin in einer kleinen Praxis in Südkalifornien. Vor meiner Promotion war ich viele Jahre als sogenannte »professionelle Stellvertreterin« tätig. Meine Aufgabe bestand darin, den Patienten während der Sitzungen mit dem Sexualtherapeuten als »Ersatzpartner« zur Verfügung zu stehen.

Ich hatte viel Zeit, sexuelle Prozesse verstehen zu lernen. Aber lassen Sie sich davon nicht täuschen – ich bin nicht als Meister vom Himmel gefallen. Wie viele andere Frauen hatte auch ich Schwierigkeiten, zu meiner sexuellen Erfüllung zu finden. Viele Jahre lang war ich genau wie Sie: ein Good Girl, das mehr wollte. Alles, was Sie noch lernen müssen, musste auch ich erst lernen. Genau aus diesem Grund bin ich meiner Meinung nach ganz ausgezeichnet als Beraterin geeignet, denn heute bin ich eine völlig andere Frau – ein Bad Girl, wie ich es schon immer sein wollte. Ich hoffe, meine persönlichen Erfahrungen und die vielen anderen Geschichten, die ich in diesem Buch mit Ihnen teilen möchte, sind Ihnen Unterstützung und Inspiration.

Sollten Sie schon Ihr ganzes Leben lang ein Good Girl gewesen sein, wird es wahrscheinlich nicht ganz so einfach sein, sich davon zu befreien. Trotzdem steckt es in Ihnen – jede Frau hat dieses gewisse Etwas. Es wird wohl eine Weile dauern, bis Sie dieses Etwas finden, und es bedarf auch ein wenig Übung, aber Sie werden es schaffen – und Sie werden sehr bald lernen, wie man es einsetzt.

Dass Sie dieses Buch aufgeschlagen haben, zeigt, dass Sie zu einer Veränderung bereit sind – und sie am liebsten jetzt gleich erleben möchten! Sie wollen sexy sein. Sie wollen lustvoll sein. Sie wollen wild sein. Ihr oberstes Gebot: Sie müssen ein Bad

Girl werden, damit Ihr Sex fabelhaft wird, umwerfend, höllisch heiß. Es ist an der Zeit, dass Sie bekommen, was Sie verdienen!

*Bad Girl Sex* ist nur für Sie geschrieben. Es spielt keine Rolle, ob Sie 25 oder 55 sind, verheiratet oder Single. Es ist egal, ob sie verliebt sind oder jemanden aus der Ferne begehren. Ich kenne Ihre Ängste und Ihre Bedenken; aber ich weiß auch, dass das Leben zu kurz ist, um es als Good Girl zu vergeuden. Es wird Zeit, dass Sie von den Bad Girls lernen.

# Bad Girls wissen, was sie wollen

Als Jane noch ein Teenager war, trug sie fast nie einen BH. Sie war stolz auf ihre kleinen wohlgeformten Brüste, außerdem genoss sie das Gefühl von Seide oder Baumwolle auf ihrer Haut. Diese kleine, aber entscheidende Gewohnheit ermöglichte es, dass Jane ein Gefühl für ihren Körper entwickeln konnte und sich ihrer aufkeimenden Sexualität bewusst wurde. Obwohl sie noch Jungfrau war, begann sie zu begreifen, welche Kraft in einer Frau steckt, deren Sexualität zum Leben erwacht – vielsagende Blicke, die ihr das ein oder andere Mal von Klassenkameraden zugeworfen wurden, bestätigten ihr dieses Gefühl. All dem wurde jedoch ein jähes Ende bereitet, als sie eines Tages gemeinsam mit ihrer Mutter einkaufen ging und diese in der Umkleidekabine feststellte, dass Jane keinen BH trug. »Bist du übergeschnappt? Was glaubst du, was die Leute denken? Willst du, dass Jungen denken, du bist leicht zu haben? Du bist billig? Oder gar eine Schlampe? Du gehst jetzt schleunigst da hinaus und suchst dir eine Ladung BHs aus!«

So begann Jane ihr Leben als Good Girl auf dem Pfad der Tugend. Der verhängnisvolle Kommentar ihrer Mutter verfolgte das Mädchen während der nächsten Jahre. Er beeinflusste sie, wenn es darum ging, welche Kleider sie kaufte, welche Filme sie sich ansah, welche Ausdrücke sie verwendete und sogar darin, wie sie sich selbst im Spiegel sah. Die Äußerung ihrer Mutter hatte zur Konsequenz, dass sich Janes Bad Girl eine zehnjährige Auszeit nahm.

Selbst wenn die Einzelheiten anders waren: ich wette, dass auch Sie eine Geschichte erzählen könnten, die der von Jane ähnelt. Erinnern Sie sich an das erste Mal, als Ihre aufkeimende Sexualität zurückgewiesen oder auf ähnliche Weise gestört wurde? Viele Frauen entschuldigen sich ein Leben lang für ihre sexuellen Regungen und sprechen sich ihre eigenen Bedürfnisse ab. Die Gefühle sind da. Das Verlangen ist da. Der Trieb ist da. Aber all das sorgt nur für Unbehagen. Warum? Weil ein Good Girl keine sexuellen Bedürfnisse haben darf. So hat man es uns gesagt, und wir gehorchen – wie das brave Mädchen nun einmal tun.

## Sind Sie selbst Ihr ärgster Feind in Sachen Sex?

Als kleine Kinder sind wir »unschuldig« und werden von Erwachsenen – Eltern, Geschwistern, Altersgenossen, Lehrern, Nachbarn, Pfarrern usw. – entsprechend behandelt. Das Problem ist, dass uns in der Pubertät selten jemand zur Seite steht, der uns auf dem Weg zur sexuellen Reife unterstützt. Es ist schon seltsam, wie sehr man jungen Mädchen deutliche Grenzen in Bezug auf provokative Kleidung und Make-up zeigt, aber wie wenig man ihnen hilft, sich zu attraktiven, anspruchsvollen und sinnlichen Frauen zu entwickeln. Den Weg zu einer gesunden Sexualität müssen wir in der Regel ganz allein finden.

## Bad Girls heißen ihre Sexualität willkommen!

*Bad Girls schämen sich nicht.*
Bitte merken Sie sich diesen Satz, denn er wird zu einem Ihrer neuen persönlichen Mantras werden. Bad Girls schämen sich nicht. Was heißt das? Es heißt, dass sie stolz auf sich und ihre Gefühle sind. Sie lieben es, ein bisschen böse zu sein (sie leben sogar dafür!), und wollen damit nicht hinter dem Berg halten. Bad Girls schämen sich nicht für ihre Sehnsüchte. Sie schämen sich nicht, diese Sehnsüchte zuzugeben und sie auszuleben. Und Sie? Möchten Sie jetzt nicht am liebsten »Da mache ich mit!« rufen?

*Bad Girls zeigen, was sie wollen*
Sie zeigen es durch ihre Art zu gehen, zu reden, zu lächeln,
sich zu kleiden und zu entkleiden. Was möchten Bad Girls?
Sie möchten ein durch und durch erfülltes Sexleben. Unmissverständlich, stark, eindeutig und sehr, sehr *bad*. Und diesen
Wunsch bringen sie zum Ausdruck, ohne billig oder ge-
schmacklos zu wirken. Bad Girls fühlen sich sexy, großartig
und begehrenswert – sie müssen nicht brav sein.

Lassen Sie uns noch einmal einen Blick auf diese Wünsche
werfen: Was denken Sie darüber? Träumen Sie vielleicht auch
davon, Ihre sexuellen Phantasien auszuleben und ein durch
und durch erfülltes Liebesleben zu genießen? Ich hoffe, dass
Sie solche Wünsche haben – die Frage ist nur, ob Sie sie ausleben. Lassen Sie sich nicht entmutigen oder verunsichern. Ich
bin absolut überzeugt, dass Sie bereit sind, ein bisschen »auf-
zudrehen«. Anfangs vielleicht nur ein wenig, dann – Ihrem
Wohlgefühl entsprechend – Stück für Stück ein bisschen
mehr. Aber bevor wir loslegen, möchte ich Ihnen noch einige
andere Dinge ans Herz legen.

*Bad Girls gibt es in allen Farben und Formen und Größen*
Es ist die Einstellung, die zählt. Ein echtes Bad Girl gerät we-
gen der in dieser Woche angesagten Rocklänge nicht aus dem
Gleichgewicht und lässt sich nicht von der aktuellen Trend-
farbe drangsalieren. Ein Bad Girl vertraut auf die eigene Kraft.
Ich werde Ihnen helfen, diese Selbstsicherheit zu finden.

Man kann nicht vortäuschen, ein Bad Girl zu sein – aber
man kann sich diese Freiheit wieder erobern, kann sie abstauben, polieren und steigern. Diese neue Freiheit kann Ihnen
niemand mehr wegnehmen. Das Bad Girl wird ein Teil von
Ihnen, genauso wie Ihr unbeirrbarer Orientierungssinn, Ihre
Vorliebe für Schwarzweißfilme oder Ihre Fähigkeit, die Zunge
rollen zu können.

Aber diese Freiheit ist wie ein Muskel, und wie alle Muskeln
müssen Sie ihn trainieren, damit er kraftvoll und stark bleibt.

Ihr Bad Girl zieht sich zurück, wenn es im Keller in eine staubige Kiste gepackt wird und nie das Tageslicht sieht. Auch in Ihrem Leben gab es einmal eine Zeit, in der Sie ein Bad Girl waren. Woher ich das weiß? Hätten Sie diese Freiheit niemals erfahren, so würden Sie sie nicht vermissen. Gut, es war vielleicht nur eine kurze Begegnung, ein Hauch Ihres Bad Girls, aber das, was Sie gefühlt haben, hat Ihnen gefallen – Sie mochten die Person, die Sie in diesem Moment waren.

## Lassen Sie Ihr Bad Girl von der Leine

Sexuelle Energie kann auf all jene Ihrer Mitmenschen bedrohlich wirken, die es bevorzugen, dass Sie weiterhin die Rolle des Good Girls spielen. Wenn Ihr Bad Girl bei seinem ersten Auftritt nicht mit offenen Armen empfangen worden ist, wurde es wahrscheinlich mit Schimpf und Schande in die hinterste Ecke vertrieben. Vielleicht ließ sich Ihr Bad Girl das eine oder andere Mal in einem verrückten Traum wieder blicken, oder es tauchte gelegentlich in einer erotischen Phantasie oder möglicherweise bei einem sexuellen Experiment auf, dem Sie sich einmal hingegeben haben (und das Sie jetzt so schnell wie möglich aus Ihrem Gedächtnis verbannen möchten). Nun, wie können Sie Ihr Bad Girl wieder aus seinem Versteck hervorlocken? Ich glaube, dass Sie schon damit begonnen haben. Wie? Sie haben die ersten Seiten dieses Buchs gelesen – Gratulation, der erste Schritt ist schon gemacht. Im Verlauf dieses Kapitels werden wir noch ein Stück auf dem Weg zu einer unverkrampften Sexualität gehen – und Scham hat hier rein gar nichts verloren. Wir wollen der Ursache für Ihre Zurückhaltung auf den Grund gehen, zerstörerische, ängstigende alte Botschaften und Verhaltensweisen enttarnen und sie durch neue und sinnliche ersetzen. Sie können nur dann ein Bad Girl sein, wenn Sie es genießen. Den Anfang dafür müssen Sie in Ihrem Inneren machen, dort, wo Ihre stärkste Hemmung sitzt.

Es ist an der Zeit, einige dieser destruktiven sexuellen Muster zu verändern und die Hülle des Good Girls abzustreifen. Sexuelles Verlangen ist nichts, dessen man sich schämen muss, selbst wenn (oder gerade wenn) es durch und durch zügellos ist. Sexuelles Verlangen muss man zelebrieren – und die Party fängt gerade erst an.

## Schluss mit dem Irrsinn

*Gesunder Appetit auf Sex ist etwas Natürliches und Schönes*
Wenn ich auf meine eigene sexuelle Entwicklung zurückblicke, bin ich sehr dankbar, dass ich in den 70ern erwachsen werden durfte. Nachdem die Zeichen der Frauenrechtsbewegung gesetzt waren und die 60er-Jahre die Sitten etwas gelockert hatten, lagen die schwierigen 80er-Jahre, in denen Männer und Frauen sich mit AIDS konfrontiert sahen und die Wall Street für so manchen Mann wichtiger als Sex zu werden schien, noch vor uns.

Während der experimentierfreudigen 70er war es für Frauen selbstverständlich, Sex zu haben – mit wem sie wollten und wann sie wollten. Aber glauben Sie mir, ich war nicht gerade ein Spice Girl in jenen Jahren. Keineswegs – mit meinen dicken Brillengläsern, Übergewicht und einem leichten Überbiss. Ich kann nicht von mir behaupten, dass ich – auch wenn ich Sex hatte – zu den Bad Girls zählte, denn wenn es geschah, dann eher zufällig als beabsichtigt.

Im Alter von 24 Jahren begann ich meine Ausbildung zur »psychologischen Stellvertreterin«. Ich half dem Therapeuten bei der Behandlung sexueller Probleme der Patienten. Und plötzlich öffneten sich für mich die Türen zur Welt eines Bad Girls das erste Mal und ließen mich einen Blick auf ein Leben werfen, von dem ich kaum zu träumen gewagt hatte.

So lernte ich nicht nur berufsbedingt spezifische Sexualtechniken kennen (was den angenehmen Nebeneffekt hatte, mir selbst ein besseres sexuelles Bewusstsein zu vermitteln), sondern ich hatte auch die Gelegenheit, mich mit älteren und erfahreneren Kolleginnen auszutauschen, die in der Blüte ihres Bad-Girl-Lebens standen. Während der Arbeit benahmen sich diese Frauen höchst seriös, professionell und hielten sich strikt an die notwendigen Verhaltensregeln – aber nach Feierabend sah die Sache anders aus. Viele der Frauen lebten ihr sexuelles Verlangen aus, genauso natürlich, regelmäßig und ohne schlechtes Gewissen wie das Bedürfnis nach einem guten Essen. Um den Appetit anzuregen, reizt man den Magen mit einer köstlichen Vorspeise. Wer nicht regelmäßig isst, dessen Magen schrumpft und das Fassungsvermögen nimmt ab. Fades, geschmackloses Essen sättigt zwar, wird Sie aber mit Sicherheit weder befriedigen noch Ihre Geschmacksknospen in Aufregung versetzen. In der Tat sind gesundes sexuelles Verlangen und gesunder körperlicher Appetit einander erstaunlich ähnlich:

• Um das sexuelle Verlangen zu stimulieren, regen sie es mit Phantasie, Vorstellungskraft und Vorspiel an.
• Wenn Sie Ihr sexuelles Feuer nicht regelmäßig schüren, erlischt es und Ihre Genussfähigkeit wird gemindert.
• Es gibt Sex und SEX. Ein echtes Bad Girl ist in der Lage, in zehn Minuten ein atemberaubendes sexuelles Erlebnis zu haben, während eine Frau, die ihr Good Girl nicht los wird, unter Umständen eine volle Stunde Geschlechtsverkehr hat, ohne danach eine Spur von Befriedigung zu empfinden.

Entschuldigen Sie sich etwa dafür, dass Sie Hunger haben? Dafür, dass Sie etwas essen müssen? Natürlich tun Sie das nicht. Ihr Hunger ist vollkommen natürlich. Er ist nicht nur lebensnotwendig, sondern hoffentlich auch eine Quelle des Genusses und der Freude.

Entschuldigen Sie sich für Ihr sexuelles Verlangen? Warum? Kennen Sie etwa Männer, die sich dafür entschuldigen? Wir wissen alle, dass ein Mann, der seinen sexuellen Tatendrang öffentlich bekundet, gerne als »Hengst« bezeichnet und von anderen Männern mit einer gewissen Ehrfurcht und Respekt behandelt wird. Eine Frau, die sich so vor ihren Freundinnen äußert, wird stattdessen häufig als billig bezeichnet – selbst wenn sie verheiratet ist. Warum in aller Welt sollten Frauen weniger sexuelle Bedürfnisse haben als Männer? Aus rein biologischer Sicht macht das überhaupt keinen Sinn.

Es ist wichtig, dass Sie Ihr sexuelles Verlangen wie Ihren Appetit auf ein leckeres Stück Schokolade betrachten – ebenso natürlich, ein Bestandteil Ihres Lebens. Können Sie »verhungern«, wenn Sie keinen fabelhaften Bad-Girl-Sex haben? Nicht wirklich. Aber ich glaube, dass bei jedem Sex, der nicht so heiß und verwegen ist, wie er sein könnte, ein Stück von Ihnen verschwindet. Ihr Verlangen, Ihre sexuelle Aktivität und Ihre Befriedigung sind extrem wichtige Faktoren in Ihrem Leben, die alle dazu beitragen, dass Sie sich wohl und lebendig fühlen. Sex steht für Genuss und Freude.

Was hält Sie also davon ab? Was behindert Sie? Warum sind Sie kein Bad Girl?

## Mythen und Missverständnisse: Die Bad-Girl-Blockade

Woran denken Sie, wenn Sie den Ausdruck *Bad Girl* hören? Seien Sie ruhig ehrlich.

- An eine heruntergekommene Prostituierte?
- An eine Frau mit einem Drogen- oder Alkoholproblem, die sich am nächsten Tag nicht mehr erinnern kann, mit wem sie die Nacht verbracht hat?
- Oder vielleicht nicht ganz so krass: an eine Frau ohne Selbstkontrolle? Eine, die zu keinem Mann Nein sagen kann?
- An eine Frau mit geringem Selbstwertgefühl, die ihre Bestätigung darin sucht, häufigen Sex mit wechselnden Partnern zu haben?

- Oder vielleicht an eine Frau, die Sex nur mit dem Mann einer anderen genießen kann?

Wenn das Ihre Vorstellung von einem Bad Girl ist, dann wundere ich mich nicht, dass Sie diese Art Verhalten bisher für sich abgelehnt haben.

Diese kurze Liste beinhaltet nur einige der Aussagen von Kursteilnehmern und Patienten über ihre Definition eines Bad Girls. Aber sie liegen weit daneben! Diese Definitionen beschreiben keine Bad Girls, sondern Frauen, die mehr oder weniger schwere emotionale Probleme durch Sex kompensieren – Frauen, die professionelle Hilfe brauchen. Dennoch spiegeln diese Äußerungen klassische Stereotypen des Bad Girls wieder, die viele Frauen verinnerlicht haben.

Die größte Herausforderung für mich als Autorin und die größte Hürde, die Sie auf Ihrem Weg zum Bad Girl zu nehmen haben, ist der Umgang mit solchen Stereotypen.

Können Sie mir so weit folgen? Gut. Hier ist nun eine kurze Liste einiger Eigenschaften, die auf ein wahres Bad Girl garantiert *nicht* zutreffen:

Ein Bad Girl zu sein heißt nicht
- sich unmoralisch zu verhalten und gegen Gesetze zu verstoßen,
- sich billig zu benehmen,
- in der Öffentlichkeit obszön aufzutreten,
- gefährliches oder rücksichtsloses Verhalten an den Tag zu legen,
- sich selbst durch sexuelles Verhalten zu erniedrigen oder zu degradieren,
- seine Sexpartner willkürlich auszuwählen.

Welche anderen negativen Eigenschaften oder Charakterzüge assoziieren Sie mit einem Bad Girl? Versuchen Sie sich in Ihre Kindheit zurückzuversetzen: Gab es da in Ihrer Nachbarschaft ein Bad Girl? War sie wie Sie? Hatte sie emotionale Probleme? Was erweckte in Ihnen den Eindruck, sie sei ein Bad Girl? Waren das nur Gerüchte, oder konnten Sie es spüren? Wie hieß sie? Ich wette, Sie können sich noch immer daran erinnern, nicht wahr? Sie fanden dieses Mädchen faszinierend und abstoßend zugleich, aufregend und verwirrend. Sie war mysteriös und unverwechselbar – alles in einem. Vielleicht war sie sogar ein wahrhaftiges, kraftvolles und gesundes Bad Girl, vielleicht aber auch nicht. Ihnen war einfach aufgefallen, dass sie Tabus brach, die Sie noch nicht einmal angerührt hätten. Ich bin zwar keine gute Fee, aber ich möchte dieses Buch gemeinsam mit Ihnen als eine Art »Zauberbuch« verwenden – und ich verspreche, Ihnen das nötige Selbstvertrauen zu vermitteln, um Sie dann auf dem Weg zu Ihrem persönlichen Aha-Erlebnis zu begleiten. Sie werden von sich selbst überrascht sein!

Ich habe beobachtet, wie Frauen sich verändern, wenn sie ihre hemmenden sexuellen Verhaltensmuster ablegen und in eine neue Welt der erotischen Freiheit eintauchen, in der sie ihre Lust ausleben können. Diese Veränderungen gehen weit über das Schlafzimmer hinaus und haben Einfluss auf das ganze Leben: Das stärkere Selbstbewusstsein hilft, sich im Job besser durchzusetzen und mehr Vertrauen in die eigenen Fähigkeiten zu gewinnen. Es tut gut, ein Bad Girl zu sein! Ich werde es Ihnen beweisen.

## Was macht ein Bad Girl aus?

Wir haben herausgefunden, was ein Bad Girl *nicht* tut – was heißt es denn nun, ein Bad Girl zu sein?

Ein Bad Girl
- liebt Sex,
- hat Vertrauen in die eigene Sexualität,

- hat keine Hemmungen,
- empfindet sexuelles Verlangen und weiß, wie es gestillt werden kann,
- kann sich behaupten, schämt sich nicht und ist mit sich im Reinen,
- kann sexuelle Erregung genießen.

Das klingt gar nicht so schlecht, oder? Ich finde, es klingt sogar ausgesprochen gut, und ich wünschte, ich könnte diese Liste ausschneiden und an Ihren Badezimmerspiegel hängen, damit Sie jeden Tag an diese Wahrheiten erinnert werden.

Es klingt nicht »konstruiert«, falsch, unnatürlich oder gar unerreichbar, nicht wahr? Im schlimmsten Fall erscheinen Ihnen diese Eigenschaften so fremd wie ein Land, von dem Sie zwar gehört, das Sie aber noch nie bereist haben. Hier ist die gute Nachricht – Sie halten gerade Ihren Reisepass in der Hand, und ich habe ihn für Sie abgestempelt!

Die schlechte Nachricht ist, dass diese Reise nicht nur eine Nacht dauert. Aber die Aussicht entlang Ihres Weges ist atemberaubend, und Sie werden sich ein Leben lang daran erinnern. Also atmen Sie tief ein und machen Sie es sich bequem: Nächster Halt Wunderland ...

## Gehen Sie der Sache auf den Grund!

Haben Sie sich schon einmal darüber gewundert, wie Ihre Sexualität zu dem wurde, was sie heute ist? Viele Frauen – die Mehrheit – denken über eine solch wichtige Frage überhaupt nicht nach. Sie haben einfach Sex. Noch wichtiger als diese Frage ist allerdings Ihre Antwort – und ich hoffe, dass diese Antwort Sie dazu bringt, Ihre sexuellen Grundrechte wiederzuentdecken, einzufordern und sich dann als Bad Girl pudelwohl zu fühlen.

Genau wie Alice im Wunderland waren wir als pubertierende junge Frauen auf Gedeih und Verderb den Trends, Moden und Sitten unserer Zeit ausgeliefert. In einem Jahr sind dralle Blondinen angesagt. Im nächsten Jahr haben dunkle, exotische Schönheiten das Sagen. Und im Jahr danach gelten kleine Brüste, eingefallene Wangen und Knabenhaftigkeit als Inbegriffe des Schönheitsideals. Wie Alice sind wir hin- und hergerissen zwischen Pillen, die größer oder kleiner machen. Alle Aufmerksamkeit richtet sich nur auf das Aussehen, und es spielt kaum eine Rolle, wie man sich dabei fühlt.

Wenn das sexuelle Verlangen, von dem ich vorher gesprochen habe, ebenso natürlich ist wie das Hungergefühl, dann kann eigentlich nur psychische Manipulation und Konditionierung die Ursache dafür sein, dass das natürliche Ausleben dieser Lust verhindert wird. Genauso wie chinesische Frauen ihre Füße bandagieren mussten, um deren Wachstum zu behindern und somit für chinesische Männer attraktiv zu sein, hat man uns gelehrt, unsere natürliche Körperlichkeit und sexuelle Stärke abzuschnüren. Werden Sie da nicht wütend? Ist das nicht absolut unfair? Entsteht in Ihnen da nicht das Verlangen, die Ketten, die Sie fesseln, zu sprengen und sich von diesen Vorschriften zu befreien?

Niemand sollte die Macht haben, uns in eine Form zu pressen und uns seine Vorstellungen von Sexualität aufzuzwingen. Ihre Sexualität sollte sich ebenso ungehindert entwickeln und wachsen dürfen wie Ihre Füße. Leider war das bisher nicht der Fall.

Aber genug ist genug! Bad Girls wissen, dass sie grandios sind, egal was kommt. Also – packen wir's an!

*Starten Sie durch!*

Wenn ich meine Arbeit gut gemacht habe, dann sind Sie jetzt ein wenig neugierig auf ein Leben als Bad Girl geworden. Aber was nun? Wie können wir nach diesen Sternen greifen? Sicher kennen Sie das Sprichwort »Man kann ein Pferd zwar ans Wasser führen, aber trinken muss es allein«. In vielerlei Hinsicht steckt darin ein Körnchen Wahrheit.

Ich kann Sie ans Wasser führen, das in unserem Fall für Ihr Potenzial an Gefühlen, sexueller Kraft und Leidenschaft steht. Aber ich *bin* nicht das Wasser – ich diene Ihnen lediglich als eine Art Wünschelrute, mit deren Hilfe Sie dieses Potenzial ausfindig machen und einen Zugang dazu finden können. Als Erstes werde ich mit Ihnen eine Reihe von Übungen durchführen, die Ihnen auf der Suche nach Ihrem sexuellen Potenzial helfen werden. Einige davon sind eher als mentales Training zu verstehen, andere dagegen sind körperbezogen. Jede einzelne dient dazu, durch die dicke Schicht aus *ALMs (anderer Leute Meinung)* zu dringen, unter der Ihr Bad Girl begraben liegt. Mithilfe der Fähigkeiten und des Werkzeugs, das Sie durch die Übungen bekommen, werden Sie Ihrer eigenen sexuellen Stimme Ausdruck verleihen können (und diese Stimme ist so sexy! Warten Sie ab!).

Also, machen Sie sich bereit, denn jetzt werden Sie nicht nur nach den Sternen greifen, sondern Sie tatsächlich fangen.

*Einen kleinen Moment noch bitte …*

Bevor wir mit der ersten Übung beginnen, möchte ich noch ein paar Worte zum Thema »Sexueller Missbrauch« sagen. Wenn Sie das Opfer einer Vergewaltigung oder einer anderen Form von sexueller Gewalt geworden sind, bitte ich Sie, zuerst einen Therapeuten aufzusuchen, bevor Sie mit jeglicher Art von Selbsthilfeprogrammen – dieses eingeschlossen – beginnen. Obwohl diese Übungen dazu dienen, Einsichten zu vermitteln und Spaß zu bereiten, können sie Frauen, die sexuellen Missbrauch erlebt haben, emotional aufwühlen und verunsichern. Wenn Sie nicht bereits mit einem professionellen Therapeuten an der Verarbeitung Ihres Traumas arbeiten, dann hoffe ich, dass Sie bald dazu bereit sind. Niemand sollte mit der Last dieses Schmerzes allein gelassen werden.

## ÜBUNG 1

*Schreiben Sie auf, was Sie erwarten!*

Wir beginnen unser Übungsprogramm mit dem, was alle Bad Girls tun — wir sagen, was wir erwarten, was wir uns wünschen und wovon wir träumen!

Für diese Übung brauchen Sie Papier und Bleistift. Da noch weitere schriftliche und sehr persönliche Übungen folgen werden, ist es sinnvoll, dass Sie sich zu diesem Zweck ein eigenes Schreibheft anlegen und nicht nur lose Blätter verwenden. Der Inhalt sollte nur für Ihre Augen bestimmt sein. Um diese Übungen effektiv durchführen zu können, ist es außerdem wichtig, dass Sie sich zurückziehen und unbeobachtet sein können.

Im Moment brauchen Sie noch kein Publikum, aber es gibt ein paar Dinge, die Sie der wichtigsten Person in Ihrer sexuellen Welt — und das sind natürlich Sie selbst — mitteilen müssen. Erinnern Sie sich an das, was ich Ihnen über die Absichten der Bad Girls sagte? Bad Girls möchten ein durch und durch erfülltes Sexleben haben. Schreiben Sie diesen Satz in großen Buchstaben auf das leere Blatt vor Ihnen. Aber beziehen Sie diesen Satz auf sich selbst: Ich möchte ein durch und durch erfülltes Sexleben haben!

Das ist die Zukunft Ihrer Sexualität — Ihr ganz persönlicher Wunsch. Lesen Sie diesen Satz leise. Lesen Sie ihn dann laut — und glauben Sie daran. Sie sind Ihrem Ziel schon näher, als Sie denken.

# ÜBUNG 2

*Reisen Sie in Ihre Vergangenheit!*

Haben Sie schon einmal von einer Zeitreise geträumt? Hier ist die Gelegenheit. Bei der folgenden Übung werden Sie sich mit Ihrer Vergangenheit beschäftigen und nach Beispielen und Situationen in Ihrem Leben suchen, in denen Ihre Sexualität unterdrückt oder verdrängt wurde. Um herauszufinden, welche Faktoren dazu führten, dass Sie Ihre sexuellen Bedürfnisse unterdrückt haben, müssen diese Schlüsselmomente noch einmal untersucht werden.

Sie benötigen für diese Übung wieder Ihr Schreibheft.

- Schließen Sie die Augen und atmen Sie einige Male tief durch. Atmen Sie durch die Nase ein und durch den Mund wieder aus. Lassen Sie sich Zeit. Sie haben es nicht eilig. Sie möchten sich entspannen und einen wachen Verstand haben. Versichern Sie sich im Geiste, dass Ihre Erinnerung einwandfrei funktionieren wird und Sie sich an alles Wesentliche erinnern können.
- Wandern Sie in Ihrer Erinnerung zurück in die Vergangenheit. Sie sind 20, 15, 12 Jahre alt. Sie gehen noch zur Schule. Wann wurden Ihre sexuellen Gedanken, Gefühle oder Ihr Verhalten das erste Mal als unangemessen bewertet? Versuchen Sie, nichts unter den Teppich zu kehren und Ihr damaliges Verhalten nicht zu beurteilen. Wir sind nur auf der Suche, halten Ausschau nach Spuren. Sobald Sie sich an etwas erinnern, schreiben Sie es auf. Versuchen Sie möglichst präzise zu sein. Handelt es sich nur um Bruchstücke oder nur um ein Gefühl, das Sie in einer bestimmten Phase Ihres Lebens begleitet hat, so versuchen Sie bitte, es so gut wie möglich zu beschreiben.
- Nun stellen Sie sich folgende Fragen: Wer hat mir dieses Gefühl vermittelt? Wie habe ich mich in dem Moment gefühlt? Hat es mein Verhalten in irgendeiner Weise beeinflusst? Wenn ja, wie?
- Was war das nächste wichtige sexuelle Erlebnis? Und das danach? Und das danach? Gehen Sie so der Reihe nach alle wichtigen Momente durch – bis zum heutigen Tag. Wahrscheinlich gibt es einige sehr lebendige Erlebnisse, nach denen Sie nicht lange suchen müssen. Andere Erinnerun-

gen liegen möglicherweise etwas weiter unter der Oberfläche – zum Beispiel ein Artikel, den Sie einmal in einer Zeitschrift gelesen haben oder
ein beiläufiger Kommentar eines Lehrers oder Mitschülers. Ignorieren Sie
nichts. Schreiben Sie alles auf, was Ihnen einfällt. Sie können später immer noch entscheiden, ob es von Bedeutung ist oder nicht.

Vielleicht haben Sie das Gefühl, diese Übung mehrmals durchführen zu
müssen, um alle Schlüsselmomente in Erinnerung zu rufen. Manche Frauen
haben so viele Erinnerungen, dass man sie gar nicht alle in einer einzigen
Sitzung aufschreiben kann. Bei anderen Frauen bleiben die Zeilen leer, und
sie müssen erst geraume Zeit über diese Fragen nachdenken, bevor die Erinnerung einsetzt. Sie können nichts falsch machen. Es ist Ihnen schlicht und
ergreifend nicht erlaubt, sich in irgendeiner Weise während dieses Prozesses
unter Druck zu setzen.

## Setzen Sie das Puzzle zusammen!

Sobald Sie Übung 2 beendet und möglichst viele Erinnerungen zu Papier gebracht haben, treten Sie ein paar Schritte zurück und betrachten Sie diese Ereignisse von Ihrem heutigen
Standpunkt aus.

Was können Sie sehen, das damals für Sie nicht offensichtlich war? Wer hat versucht, Macht über Sie auszuüben? Wer
hat versucht, Sie zu manipulieren? Und welchen Grund hatten
die beteiligten Personen, Ihre sexuelle Entwicklung nicht zu
unterstützen oder sie zu unterdrücken?

Würden Sie heute auf entsprechende Äußerungen in gleicher
Weise reagieren? Wahrscheinlich nicht. Über einige Bemerkun-
gen würden Sie lachen, auf andere wütend reagieren und manche vielleicht gar nicht wahrnehmen. Ich bin sicher, dass sogar
die schlimmsten Äußerungen heute keinen so massiven Einfluss
mehr auf Sie hätten, denn Sie sind erwachsen. Vielleicht fühlen
Sie sich von Zeit zu Zeit noch jung und unreif, besonders wenn

andere Menschen immer noch versuchen, Ihre Sexualität zu kontrollieren – aber Sie haben sich weiterentwickelt und müssen nicht mehr unter der Unwissenheit und Angst anderer Menschen leiden. Sehen Sie irgendeinen Grund, warum Ihr Sexleben weiterhin von diesen Erfahrungen beherrscht werden sollte?

Ich erinnere mich an eine Geschichte, die einer der Sexualtherapeuten, die mich ausgebildet haben, seinen neuen Klienten erzählte, um Ihnen die Wirkung unserer ersten Sitzungen zu verdeutlichen:

Tiertrainer, die Elefantenbabys für den Zirkus dressieren, rammen zu Beginn ihrer Arbeit Eisenstangen in den Boden, an denen sie die kleinen Elefanten anketten, um sie am Weglaufen zu hindern. Das untrainierte Elefantenjunge reißt anfangs in seiner ungestümen Art an der Kette, um sich davon zu befreien. Nach einigen Wochen jedoch hört der Elefant auf, die Stabilität der Kette zu prüfen, denn er hat gelernt, dass sein Widerstand zwecklos ist. Während das Tier heranwächst, legen die Trainer es weiterhin in Ketten. Auch wenn das Tier längst stark genug ist, um die Stange aus dem Boden zu reißen und zu entkommen, versucht es dies nicht einmal. Der Elefant ist davon überzeugt, dass die Kette stärker ist als er selbst und hat den Willen verloren, einen weiteren Versuch zu starten. Psychologen bezeichnen das als »erlernte Hilflosigkeit«.

Viele von uns unterscheiden sich nicht sehr von diesem Zirkuselefanten. Wir sind immer noch an die Vergangenheit gebunden durch Verhaltensweisen, die uns in jungen Jahren aufgezwungen wurden, als wir noch leicht zu beeinflussen waren. Wir haben völlig vergessen, dass wir mittlerweile groß und stark genug sind, um uns aus den Ketten der Vergangenheit zu befreien und selbst über unser Schicksal zu bestimmen. Sie können sich von Ihrer Vergangenheit lösen. Sie können so sein, wie Sie möchten.

Sagen Sie es ruhig einmal laut:

Ich bin erwachsen und stark.
Ich kann aus meiner Vergangenheit ausbrechen.
Ich kann so sein, wie ich möchte.

Vielleicht möchten Sie diese Sätze als eine Art »Kampfschrei«
übernehmen? Wenn Sie ein Kribbeln im Magen spüren, dann
ist das Ihr inneres Bad Girl, das seine Aufwärmübungen
macht. Ihre Worte sind Musik in seinen Ohren. Jedes Mal,
wenn Sie Ihrer Stärke Ausdruck verleihen – im Bett oder anderswo – geben Sie Ihrem Bad Girl Luft zum Atmen.

## Wer profitiert davon, dass Sie ein Good Girl sind?

Ich kann mich noch sehr gut an eine bestimmte Teilnehmerin
in einem meiner ersten Kurse über weibliche Sexualität erinnern – Ellen war durch und durch brav und anständig. Stets
hatte sie ihr schönes braunes Haar zu einem praktischen Knoten hochgesteckt und trug weder Make-up noch Nagellack
oder Schmuck außer ihrem Ehering. Sie hatte eine Vorliebe für
Puffärmel und gemusterte Stoffe. Mittlerweile bin ich nicht
mehr überrascht, wenn Frauen wie Ellen meinen Kurs besu-
chen, aber damals war ich verblüfft. Ich wollte mehr über diese Frau in Erfahrung bringen; also beschloss ich, alle Teilneh-
mer zu fragen, was sie dazu bewegt hatte, sich für diesen Kurs
anzumelden. Ellen sagte, sie nehme auf Drängen Ihres Ehe-
manns teil. Er wolle, dass sie auf dem Gebiet der Sexualität da-
zulerne; offensichtlich war er der Meinung, dass ihr sexueller
Horizont mehr als eingeschränkt sei. Ellen war zum Zeitpunkt
ihrer Hochzeit noch Jungfrau. Sie lehnte es ab, mehr als einmal in der Woche (am Samstag um 21 Uhr) Sex zu haben und
betrachtete Sex lediglich als den Vollzug des Geschlechtsverkehrs – selbstverständlich in der Missionarsstellung. Im Verlauf des Kurses kam Ellens Geschichte nach und nach an die

Oberfläche. Sie war die älteste von drei Geschwistern, deren Mutter starb, als sie gerade erst elf Jahre alt war. Ihr Vater erzog sie sehr streng, verließ sich darauf, dass sie kochte, sauber machte und sich um ihre kleineren Geschwister kümmerte. Es gab nicht viel Zeit zum Spielen. Je älter sie wurde, umso ängstlicher wurde ihr Vater; er warnte Ellen vor den pubertierenden Jungen und erinnerte sie stets an ihre häuslichen Pflichten. Sätze wie: »Du gestattest einem Jungen, dich zu berühren und schon sitzt du da mit einem Baby in deinem Bauch. Und was machen wir dann? Nur Schlampen lassen sich auf Jungen ein. Sei ein braves Mädchen, Ellen. Deine Mutter soll doch stolz auf dich sein können!«, hatten eine entsprechende Wirkung. Ellens Vater brauchte jemanden, der sich um den Haushalt, die anderen Kinder und um ihn selbst kümmerte und war bereit, zu übertreiben, Ellen anzulügen, einzuschüchtern und ihr sogar zu drohen, nur um ihr die Möglichkeit zu nehmen, ihre Sexualität ungezwungen zu erkunden und zu schnell erwachsen zu werden.

Ich versuche nicht, Ellens Vater die Schuld zuzuschieben. Er hat sicherlich in einer schwierigen Situation – allein mit drei Kindern – sein Bestes getan. Allerdings war das für Ellens Entwicklung nicht gut genug.

Im Laufe des Kurses entdeckte Ellen, dass sie noch immer nach den Regeln ihres Vaters lebte – obwohl sie schon längst mit einem Mann verheiratet war, den sie liebte, einen Collegeabschluss und einen guten Job hatte. Die harten Worte des Vaters hatten immer noch den gewünschten Effekt: Sie hielten Ellen von ihren sexuellen Bedürfnissen fern. Erst als Ellen die Manipulation erkannte, konnte sie nach und nach ihre immer stärker werdenden sexuellen Gefühle, Gedanken und Wünsche als normal und natürlich akzeptieren. Es war eine Freude zu sehen, wie ihr wachsendes sexuelles Bewusstsein Schritt für Schritt ihr Verhalten, ihre Sprache und ihr Leben beeinflusste.

*Also … nach wessen Pfeife tanzt Ihr Good Girl?*

Für wen spielen Sie den Hampelmann? Von welchen Geistern der Vergangenheit wird Ihr heutiges Sexleben heimgesucht? Die überraschende Mehrheit der Frauen, die ich kenne, kümmert sich nämlich um Leute aus ihrer Vergangenheit, denen es längst egal ist, ob sie ein Good Girl oder ein Bad Girl sind. Dabei schaden sie sich nur selbst. Sollte es in ihrem Leben immer noch jemanden geben, der einen Nutzen daraus zieht, dass Sie sich wie ein kleines Kind oder ein Good Girl verhalten, dann ist es höchste Zeit, diese Person in ihre Schranken zu weisen, sich zu wehren und ihn oder sie zum Schweigen zu bringen. Es geht hier um Ihr Leben. Wenn andere brav sein wollen, so ist das deren freie Entscheidung – aber lassen Sie nicht zu, dass Ihre Umwelt für Sie Entscheidungen trifft.

## Spüren Sie Ihre Kraft!

Ich hoffe, Sie verstehen, wie wichtig es ist, das Bad Girl in Ihnen zu akzeptieren. Machen Sie sich nichts vor – der Versuch, ein Good Girl zu sein, raubt Ihnen Ihre Stärke. Er beraubt Sie Ihrer Kraft als erwachsene, sexuell aktive Frau mit einem gesunden Verlangen. Er beraubt Sie Ihres wahren Ichs. Ein Good Girl ist schlicht und einfach eine betrogene Frau.

Wenn Sie aufhören, auf Ihre eigenen Bedürfnisse zu hören, geben Sie Ihrem Partner die ganze Macht:

- Er entscheidet, wann Sie Sex haben.
- Er entscheidet, welche Art von Sex Sie haben.
- Er entscheidet, ob Sie einen Orgasmus haben oder nicht.
- Es liegt an ihm, ob sie sich leidenschaftlich und feurig lieben oder nicht.

Keine besonders verlockende Aussicht, finde ich. Wenn Sie ein dunkles Zimmer betreten, dann warten Sie doch auch nicht, bis jemand kommt und das Licht einschaltet, oder? Nein! Sie tasten an der Wand entlang, bis Sie den Schalter selbst gefunden haben. Übertragen Sie dieses Bild doch einmal auf den Weg, der vor Ihnen liegt – die Zurückeroberung des Bad Girls in Ihnen. Sie haben sich schon viel zu lange in einem dunklen Zimmer aufgehalten. Ab jetzt warten Sie nicht mehr auf den richtigen Mann oder den richtigen Augenblick, um sich zu befreien und ans Licht zu treten. Sie beginnen, selbst nach dem Schalter zu suchen, sich zu befreien und auf Ihre neue Sexualität einzulassen.

Ob mit oder ohne Mann, Ihre Zeit ist jetzt gekommen – die Zeit, um Ihre sexuelle Identität zurückzufordern und sich damit wunderbar zu fühlen!

## Willkommen in meiner Welt!

Hier sind wir nun, beinahe am Ende des ersten Kapitels, und Sie haben schon so viel erreicht. Ihnen gebührt meine Bewunderung und mein Respekt, denn Sie haben einen wirklich großen Schritt gemacht. Bevor wir nun gleich mit Kapitel 2 fortfahren, nützen Sie diese letzte Gelegenheit, um sich selbst noch einmal an Ihr Vorhaben zu erinnern – und um der ganzen Welt Ihre wiederentdeckten Bedürfnisse mitzuteilen.

## ÜBUNG 3

*Begrüßen Sie Ihr Bad Girl!*

- Suchen Sie sich einen Spiegel, in dem Sie Ihren ganzen Körper sehen können. Betrachten Sie Ihr Spiegelbild. Die Eskimos haben über 100 verschiedene Wörter für Schnee. Ihre Aufgabe ist es nun, mehr als 100 Wege zu finden, um auszudrücken, dass Sie eine ungezwungene, freie Sexualität erleben wollen.

- Schauen Sie sich in die Augen. Beginnen Sie zu sprechen.
  *Ich möchte ein Bad Girl sein.*
  *Ich sehne mich danach, meine sexuellen Wünsche auszuleben.*
  *Ich fühle mich wohl in meinem Körper. Ich möchte das tun, was ich*
  *möchte — im Bett und auch anderswo.*

Ich weiß, dass an dieser Stelle viele von Ihnen kichern — das ist zu erwarten. Das Schwierigste ist schon geschafft, wenn Sie auch nur einen einzigen dieser Sätze über die Lippen bringen — dann haben Sie die Fassade des Good Girls ein wenig ins Wanken gebracht. Von nun an wird es immer leichter.

So, wie geht's jetzt weiter? Wir haben herausgefunden, was Sie am ungezwungenen Ausleben Ihrer Sexualität gehindert hat. Es ist an der Zeit, einen Schritt in die Zukunft zu machen!

# Bad Girls
# denken pausenlos an Sex

Woran denken Sie gerade? An Sex? Stellen Sie sich die Lippen Ihres Liebhabers auf Ihrem Körper vor? Denken Sie an Ihren nächsten Orgasmus? Wenn Sie sich allerdings gedanklich mit dem nächsten Hausputz beschäftigen, mache ich mir ein wenig Sorgen. Es ist erwiesen, dass die meisten Menschen alle 60 Sekunden an Sex denken. Und was machen wir mit diesen Gedanken? Wir verdrängen sie. Mal ehrlich: Wie oft lassen Sie Gedanken an Sex zu? Wie oft verlieren Sie sich in kleinen erotischen Träumereien? Erinnern Sie sich täglich an Ihr sexuelles Verlangen, oder zwingen Sie sich, über wichtigere, verantwortungsvollere, reifere Dinge zu grübeln? Denken Sie alle 60 Sekunden an Sex? Oder eher alle 60 Tage?

Bad Girls denken pausenlos an Sex. Von morgens bis abends. Sie haben sexuelle Phantasien auf dem Weg zur Arbeit. Bei der Arbeit. Auf dem Weg nach Hause. Sie träumen von Sex zu jeder Zeit des Tages. Sex ist immer ein Teil ihrer Welt.

Zu viele Frauen machen den Fehler, Sex in eine Schublade zu stecken und auf den richtigen Zeitpunkt und den richtigen Ort zu warten, anstatt ihre sexuellen Wünsche zuzulassen. Der Gedanke an Sex behindert Sie nicht in Ihrem Alltag – im Gegenteil: Ein paar erotische Tagträume beleben wie sonst nichts! Das ist es doch, was Sie wollen, oder?

## Vier Typen von Frauen – vier Wege, über Sex nachzudenken

Es gibt verschiedene Blutgruppen und verschiedene Hauttypen – aber wussten Sie, dass es auch verschiedene Sextypen gibt, die völlig unterschiedlich über Sex denken?

Nach Jahren der Beobachtung wurde mir klar, dass sich Frauen in der Regel in nur vier unterschiedliche Sextypen einteilen lassen. Zu welchem Typ gehören Sie?

## Das Bad Girl

Beginnen wir mit der Titelfigur dieses Buches. Ein Bad Girl ist vollkommen entspannt und akzeptiert alle Facetten ihrer persönlichen Sexualität. Sie weiß, was ihr gefällt, wie und mit wem sie es mag. Sie kennt sich gut und ist sich ihrer sexuellen Grenzen bewusst, so dass sie sich innerhalb dieser Grenzen vollkommen ungehemmt bewegen kann. Ihre Sexualität ist das höchste Gut eines Bad Girls, und das strahlt sie aus.

Sie ist mit ihrem Körper so im Einklang, dass ihre Sexualität für andere sehr erregend ist. Wahrscheinlich hat sie sich dieses ungezwungene Verhältnis zu ihrer Sexualität über die Jahre erarbeitet, und jetzt ist sie sich selbst treu.

Ich glaube, dass unter den Leserinnen dieses Buches nicht besonders viele Bad Girls sind. Warum auch? Bad Girls haben ihr erotisches Potenzial erkannt und schöpfen es aus – außerdem sind Bad Girls zunächst immer in der Minderheit.

## Die Bibliothekarin

Die Bibliothekarin ist das genaue Gegenteil des Bad Girls – eine Frau, die unentwegt versucht, *nicht* an Sex zu denken. Entschuldigen Sie bitte, dass ich eine derart stereotype Bezeichnung gewählt habe (und ich möchte mich auch bei all jenen Bibliothekarinnen entschuldigen, die vor sexuellem Verlangen beinahe zerbersten, während sie über ihren Büchern sitzen), aber ich weiß, dass jeder sofort meine Assoziationen nachvollziehen kann. Die Bibliothekarin ist genauso zugänglich wie ein unscheinbares Botanikbuch, das eingezwängt zwischen einem Stapel Forschungsberichte in einem versteckten Winkel der Bibliothek steht. Dieser Sextypus ist mehr als nur ein wenig verschlossen. Sexuelles Verlangen und Sinnlichkeit kommen in der Welt der Bibliothekarin nicht vor – selbst wenn sie Sex hat, was ja nicht häufig vorkommt, fühlt sie sich nicht übermäßig erregt. Lust und Körperlichkeit haben ja auch in einer Bibliothek nicht viel zu suchen – man darf ja noch nicht einmal einen Laut von sich geben!

Wie im Falle der Bad Girls schlagen wahrscheinlich nur wenige dieser eher enthaltsamen Frauen (man muss nicht enthaltsam *leben*, um sich enthaltsam zu *fühlen*) dieses Buch auf. Ein Good Girl dieser Art versucht, seine Sexualität zu ignorieren und gar zu verleugnen. Frauen dieser Art sind noch seltener als Bad Girls.

Von allen vier Sextypen gehört den Bibliothekarinnen mein größtes Mitgefühl. Irgendein Erlebnis in ihrer Vergangenheit hat ihnen die Freude an genussvollem Sex verdorben. Häufig unterdrücken Bibliothekarinnen ihre Sexualität dadurch, dass sie sich ganz ihrem Beruf verschreiben. Eine solche Frau mag durchaus sehr gebildet sein, lässt aber den Gedanken an Sex nicht zu.

Wenn Sie sich in dieser Beschreibung wiedererkennen und trotzdem weiterlesen, möchte ich Ihnen gratulieren. Etwas in Ihnen beginnt offensichtlich, sich zu verändern.

Bis jetzt hat sich meine Kategorisierung auf weniger als 20 Prozent aller Frauen bezogen. Wie steht es mit allen anderen? Die folgenden Kategorien umfassen die übrigen 80 oder mehr Prozent der weiblichen Bevölkerung – die Mehrheit der Frauen auf diesem Planeten. Nun kommen wir der Sache also näher ...

*Das stille Wasser*

Das stille Wasser hat eine Menge Sexappeal ... allerdings nur spätabends, alleine, in ihren wildesten Phantasien. Sie ist die patente Familienmutter von nebenan, die nette Zahnarzthelferin oder – möglicherweise – Sie selbst.

Wenn Sie zu diesem Typ Frau zählen, wirken Sie nach außen hin munter, fröhlich und unternehmungslustig, wahrscheinlich sogar ein bisschen überdreht. Sie kleiden sich geschmackvoll und pflegen wahrscheinlich schon seit Jahren den gleichen bodenständigen Stil. Sie sind auf Ihre äußere Erscheinung bedacht und bezüglich Ihrer Kleidung eher vorsichtig (Sie könnten ja womöglich zu viel Haut zeigen!). Und gleichzeitig gehören Sie zu den Frauen, die sich liebend gerne einmal erotisch fotografieren lassen würden (wenn sie das nicht schon längst getan haben) – auch wenn Sie das Foto dann in Ihrer Schublade verstecken (wo Sie übrigens auch alle anderen intimen Geheimnisse aufbewahren).

Ein stilles Wasser hat in ihrer Phantasie hemmungslosen Sex auf einem Bärenfell vor dem Kamin. Wenn sich aber nun tatsächlich die Gelegenheit dazu bieten würde, fielen Ihnen eine Menge Gegenargumente ein: »Nein, das ist mir zu warm!« oder »Nein, das ist mir zu kalt.« Oder: »Nein, das könnte ich dem Bären niemals antun.«

Das stille Wasser ist mit sexuellem Verlangen und erotischen Szenarien durchaus vertraut – aber nur in ihrer Phantasie. Im wirklichen Leben sieht es ganz anders aus. Da finden sich tausend Gründe, warum diese Erotik nicht gelebt werden darf.

Ein stilles Wasser kann unmöglich sexy Dessous tragen (die könnten ja unbequem sein oder albern aussehen).

Ein stilles Wasser kann unmöglich »diese Wörter« laut aussprechen (Was ist, wenn das jemand hört?).

Sie kann »das« unter keinen Umständen tun (denn »das« macht nur Na-du-weißt-schon-wer).

Was ist also das Problem des stillen Wassers? Sie lässt ihre sexuellen Bedürfnisse nicht ans Licht treten. Sie hat die erotische, begehrenswerte Frau, die sie in ihren Träumen ist, zu einer Pause von unbestimmter Zeit verdonnert. Denkt das stille Wasser an Sex? Aber sicher. Sie denkt sogar sehr oft an Sex, aber meistens fühlt sie sich dabei nicht wohl und verbannt diese Gedanken schnell aus ihrem Kopf. In Sachen Sexualität ist sie selbst ihre schärfste Kritikerin.

Stille Wasser können sich Sex vorstellen, können ihn fühlen und davon träumen, haben aber Probleme, ihn auszuleben und ohne Hemmungen zu genießen. Dieses Gefühl kenne ich nur zu gut, denn auch ich war lange Zeit ein stilles Wasser. Und damit bin ich nicht allein, denn meiner Meinung nach gehört der größte Teil der Frauen dieser Gruppe an.

*Das Weihnachtsbäumchen*

Besonders sympathisch ist mir der vierte und letzte Sextyp – das Weihnachtsbäumchen. Ich nenne diese Frauen so, weil sie dazu neigen, sich entsprechend zu behängen. Das Weihnachtsbäumchen denkt häufig an Sex, allerdings auf eine ganz andere Weise wie Bad Girls oder stille Wasser.

Ein Weihnachtsbäumchen ist eine Frau, der das Motto »Weniger ist mehr« gänzlich unbekannt ist. Für sie ist weniger einfach … weniger. Ein Minirock allein ist nicht sexy genug – dazu braucht es mindestens noch einen Pushup-BH, Stiefel bis übers Knie, toupierte Haare und jede Menge Schmuck. Einem Weihnachtsbäumchen steht die Sexualität förmlich auf die Stirn geschrieben, und es scheint, als sei sie mit ihrem Körper im Einklang. Nun wissen wir alle, wie sehr der äußere Eindruck täuschen kann; obwohl das Weihnachtsbäumchen alles daran setzt, die Welt von ihrer Sinnlichkeit zu überzeugen, gibt es ein trauriges Geheimnis: Ein wirklich entspanntes Verhältnis zu ihrer Sexualität hat sie nicht.

Das mag für die stillen Wasser unter Ihnen (und auch die Bibliothekarinnen) ein wenig verwirrend klingen. Wenn ein stilles Wasser ein Weihnachtsbäumchen sieht, weiß sie vielleicht nicht, was sie davon halten soll. Das ist kein Wunder – schließlich wird eine Menge Sex zur Schau gestellt, aber leider nur sehr wenig Sexualität.

Nie werde ich den Tag vergessen, an dem ein Weihnachtsbäumchen, das an meinem Kurs über menschliche Sexualität teilnahm, in mein Büro kam und mir das Herz ausschüttete. In der letzten Sitzung hatten wir über Orgasmen gesprochen, und mir war aufgefallen, dass sich diese Frau ungewöhnlich still verhielt. Da sie sich zu sehr vor den anderen Kursteilnehmern schämte, konnte Sie mir erst unter vier Augen erzählen, dass sie noch nie einen Orgasmus erlebt hatte – weder durch Selbstbefriedigung noch mit einem Partner. Ich konnte es kaum glauben – vor mir saß eine Frau mit einer sinnlichen, erotischen Ausstrahlung und erzählte, sie fände Sex eigentlich eher belanglos.

Ich war überrascht. Jedes Jahr gibt es mindestens ein Weihnachtsbäumchen, das mir das gleiche Geständnis macht, und ich bin fest davon überzeugt, dass eine Reihe weiterer Frauen an meinem Kurs teilnehmen und das gleiche Problem haben. Aber was ist das Problem? Eine solche Frau hat keinerlei Orientierung in Bezug auf ihre Sexualität; sie versucht, sich so darzustellen, wie es Männer ihrer Meinung nach mögen – viel Aufwand für relativ wenig Gegenleistung.

Weihnachtsbäumchen möchten Bad Girls sein – aber sie wissen nicht wie. Das Wichtigste für sie ist, ihren Körper kennen zu lernen und sich darin wohl zu fühlen. Sie wissen, was sexy aussieht (auch wenn sie es oft übertreiben), aber sie haben nur wenig Ahnung davon, was es bedeutet, sich tatsächlich sexy zu fühlen. Wie ein stilles Wasser muss ein Weihnachtsbäumchen lernen, die Dinge langsam anzugehen und ihren Gefühlen und ihrem Verlangen Zeit zu geben.

Vier verschiedene Frauen, vier verschiedene Sextypen: Und welcher Gruppe gehören Sie an? Natürlich habe ich übertriebene Bilder gezeichnet, damit die Charakteristika deutlich werden – aber ich denke, dass Sie sich dennoch der ein oder anderen Gruppe zugehörig fühlen.

## Legen Sie den Grundstein!

Egal, in welchem Sextypus Sie sich wiedererkannt haben – Ihr Weg zu einer genussvollen Sexualität beginnt mit einer völlig schmerzfreien Injektion – von erotischen Gedanken. Der Gedanke an Sex sollte ein fester Bestandteil Ihres neuen Lebens werden, sozusagen der Boden, aus dem Ihr Bad Girl sprießen wird. Erotische Gedanken sind die besten Freunde der Bad Girls.

## Bad Girls denken immer nur an das eine

Ein Bad Girl kann fast jedem Gedanken und jeder Situation ein wenig Erotik abgewinnen – genauso wie Pessimisten Dinge eher negativ und Optimisten eher positiv sehen. Können Sie sich vorstellen, wie viel Spaß das macht? Natürlich müssen diese erotischen Gedanken nicht immer in die Tat umgesetzt werden – aber langweilig wird Bad Girls sicher nicht! Und wie sieht das im täglichen Leben eines Bad Girls aus? Hier sind ein paar Beispiele ...

### Die Morgendusche

Bad Girl: Sie hält die Dusche am Morgen für die optimale Gelegenheit, ihre Sinne zum Leben zu erwecken. Sie verwendet ein luxuriöses, aromatisches Duschgel und nutzt die Chance, sich ein wenig zu massieren und sich vielleicht zum Orgasmus zu bringen, wenn die Zeit es erlaubt.

Good Girl: Eine Morgendusche ist für sie nichts weiter als eine Morgendusche. Sie schrubbt sich immer noch mit der gleichen Seifenmarke, die schon ihre Mutter benutzt hat. Sie nimmt ihren Körper nicht genussvoll, sondern sehr pragmatisch wahr.

*Die Fahrt mit dem Aufzug*

Bad Girl: Die kurze Zeit im Aufzug nutzt sie für einen kleinen erotischen Schaufensterbummel. Sie sieht einen schönen Po und stellt sich vor, wie er sich wohl anfühlt.

Good Girl: Die Fahrt im Lift ist für sie eine lästige Pflicht. Zwar sieht auch sie den süßen Po, wendet aber sofort den Blick ab und findet die beleuchteten Nummern über der Aufzugtür plötzlich ungeheuer faszinierend. In Gedanken beginnt sie, alle Punkte auf ihrer Tagesordnung abzuhaken.

*Das Mittagessen*

Bad Girl: Für sie ist jede Mahlzeit eine sinnliche Erfahrung. Sie geht zu ihrem Lieblingsitaliener, bestellt einen Teller Pasta und genießt jeden Bissen. Sie hetzt sich nicht, denn sie weiß, dass sie sich diese Zeit verdient hat.

Good Girl: Essen ist für sie ein Kraftstoff. Sie arbeitet meistens die Mittagspause durch, holt sich ein Sandwich aus der Kantine und schlingt es noch im Stehen hinunter. Mit einem Kloß im Magen eilt sie an ihren Schreibtisch zurück.

*Die Mitarbeiterbesprechung am Nachmittag*

Bad Girl: Ich gebe es zu – darauf freut sich ein Bad Girl auch nicht mehr als ein Good Girl, aber sie hält die Augen offen. Heute stellt sie plötzlich fest, wie sehr die Hände ihres Chefs denen ihres Liebhabers gleichen, und sie erinnert sich an die vergangene Nacht. Auf diese Weise wird selbst ein langweiliges Meeting ein wenig interessanter.

Good Girl: Für sie ist jede Mitarbeiterbesprechung nur schwer zu ertragen. Die monotone Stimme ihres Bosses langweilt sie beinahe bis zur Bewusstlosigkeit. Sie wird auf frischer Tat ertappt, als man ihr eine Frage stellt, und ist peinlich berührt, als sie darum bitten muss, diese noch einmal zu wiederholen.

*Freitagabend: Die Fahrt nach Hause*

Bad Girl: Sie hat auf der Heimfahrt ein wenig Zeit für sich, schüttelt die Ereignisse des Tages ab und freut sich auf den vor ihr liegenden Abend. Sie wählt Musik aus, die zu ihrer Stimmung passt (denn sie hat ihre Lieblings-CDs im Auto), und wenn sie schließlich zu Hause ankommt, ist sie bereit für den Abend und seine (hoffentlich) sinnlichen Überraschungen.

Good Girl: Die Fahrt nach Hause ist für sie der absolut schlimmste Teil des Tages. Der Verkehr raubt ihr den letzten Nerv und die schlechten Nachrichten im Radio und die lebhafte Erinnerung an den peinlichen Moment während des Meetings geben ihr den Rest.

*Freitagnacht*

Bad Girl: In vielerlei Hinsicht (direkt und indirekt) hat sie den Tag damit verbracht, diesen Abend zu planen. Jetzt ist sie vorbereitet und platzt beinahe vor Erwartung. Es wird vielleicht nicht zu einem Sexmarathon kommen (schließlich ist sie müde), aber der Sex mit ihrem Partner ist der Höhepunkt des Tages.

Good Girl: Sie kann nicht aufhören, über ihre Arbeit und all die Dinge nachzudenken, die am Wochenende zu erledigen sind. Sie hat nur deshalb Sex, weil ihr Partner es will – für sie eine sehr unerotische Angelegenheit. Kurz vor dem Einschlafen wünscht sie sich, dass sich ihr Leben ändern würde.

Habe ich übertrieben? Vielleicht ein wenig. Natürlich denkt ein Bad Girl nicht jede Minute des Tages an ihr nächstes sexuelles Erlebnis – aber wenn Sie die Erfahrungen des Good Girls mit denen des Bad Girls vergleichen, ist es klar, wer von beiden den Tag über mehr Spaß am Leben hat, nicht wahr? Was kann ein Good Girl nun also tun? Der erste Schritt ist, sich jeden Morgen nach dem Aufwachen auf den besten Freund der Bad Girls zu konzentrieren.

## Lernen Sie den besten Freund
## der Bad Girls kennen

Es ist sechs Uhr morgens, der Wecker klingelt, und Sie brauchen dringend noch zwei Stunden Schlaf. Sie brauchen Kaffee. Sie brauchen Urlaub. Wie kann man da noch an Sex denken? Anstatt sich nun wie jeden Morgen aus dem Bett zu quälen und den Tag müde zu begrüßen, sollten Sie sich 60 Sekunden – nur 60 Sekunden – Zeit für den besten Freund der Bad Girls nehmen.

Auch Sie haben diesen Freund bereits. Und je mehr Zeit Sie mit ihm verbringen, umso mehr profitieren Sie von ihm. Es handelt sich dabei weder um einen Vibrator, noch um den Penis Ihres Liebhabers – auch wenn Sie diese beiden Freunde sicher ebenfalls möglichst häufig um sich haben wollen. Was also ist es?

Der beste Freund der Bad Girls ist ein Muskel, genauer gesagt eine Gruppe von Muskeln. Und bald werden Sie nicht mehr auf ihn verzichten wollen – er ist Ihr Liebesmuskel, Ihr Sexmuskel, Ihr *Mach-es-mir-bevor-ich-explodiere*-Muskel. Und er trägt den simplen Namen *PC-Muskel*. Als pubococcygeale Muskelgruppe (abgekürzt PC) bezeichnet man die Muskeln, die Ihr Becken unterstützen. Wenn diese Muskeln kräftig und gut ausgebildet sind, bilden sie eine straffe Verbindung zwischen Ihrem Becken und Ihrem Steißbein.

Es ist bewiesen, dass die Fähigkeit, Orgasmen zu haben und auch deren Intensität in Zusammenhang mit der Kontraktionsstärke des PC-Muskels stehen. Frauen, die keine oder nur sehr leichte Orgasmen erleben, haben meist schwache PC-Muskeln. Je kräftiger also der PC-Muskel, umso häufiger und intensiver sind die Orgasmen. Und das bedeutet, dass Ihr PC-Muskel die Fahrkarte ins Paradies der Bad Girls ist.

Ich wette, Sie hatten noch nie so viel Lust zu trainieren! Die Übungen zur Stärkung des PC-Muskels, allgemein bekannt unter dem Namen *Kegel-Übungen,* sind sehr einfach und jederzeit durchzuführen. Aber zunächst müssen Sie Ihren PC-Muskel lokalisieren, um sicherzugehen, dass Sie sich wirklich auf die richtige Stelle konzentrieren. Am einfachsten geht das folgendermaßen:

- Warten Sie, bis sie Wasser lassen müssen.
- Setzen Sie sich bequem und mit leicht gespreizten Beinen auf die Toilette.
- Wenn der Urin zu fließen beginnt, versuchen Sie den Fluss zu unterbrechen. Der Muskel, der den Urinfluss unterbindet, ist der PC-Muskel.
- Halten Sie so eine Sekunde inne, dann lassen sie locker.
- Wiederholen Sie dies noch drei Mal: halten, locker lassen, halten, locker lassen, halten, locker lassen. Wenn Sie den richtigen Muskel einsetzen, wird der Urinfluss jedesmal unterbrochen. Achten Sie darauf, Ihre Bauch-, Oberschenkel- und Pomuskulatur dabei völlig entspannt zu lassen. Nach der letzten Muskelentspannung leeren Sie Ihre Blase vollständig.
- Um wirklich ein Gefühl für Ihren Muskel zu bekommen, führen Sie einen Finger in Ihre Vagina ein und spannen den Muskel leicht an.

Wenn Sie den Urinfluss nicht vollständig unterbrechen können, ist das kein Grund zur Sorge. Der PC-Muskel reagiert sehr schnell auf konstantes Training. Das Schöne an Kegel-Übungen ist, dass Sie bei absolut jeder Gelegenheit durchzuführen sind: beim Autofahren, Einkaufen, Lesen, Kochen oder Fernsehen. Ihr Trainingsplan, den Sie regelmäßig durchführen sollten, sieht so aus:

*Kegel-Übung 1*
Atmen Sie tief ein und aus. Spannen Sie Ihren PC-Muskel an und halten Sie die Spannung für drei Sekunden. Lassen Sie nun ganz locker. Spannen Sie wieder an. Wiederholen Sie diese Übung dreimal täglich zehnmal hintereinander. Im Laufe der nächsten Wochen steigern Sie die Wiederholungen allmählich, bis Sie es auf 25 Kontraktionen bringen. Wenn Sie zu viel trainiert und Muskelkater bekommen haben, gönnen Sie Ihrem Körper einige Tage Pause.

*Kegel-Übung 2*
Spannen Sie Ihren PC-Muskel zehn Mal in Folge schnell an und lassen Sie wieder locker. Machen Sie diese Übung einmal am Tag. Nach einer Woche versuchen Sie, sich bis auf zwei oder drei Trainingssätze pro Tag zu steigern. Diese Übung ist etwas schwieriger und sollte erst dann durchgeführt werden, nachdem Sie einige Wochen lang die Kegel-Übung Nr. 1 praktiziert haben, sonst überanstrengen Sie sich.

*Kegel-Übung 3*
Spannen Sie Ihren PC-Muskel so fest wie möglich an, halten Sie ihn in dieser Position, und zählen Sie dabei bis zehn. Spannen Sie ihn dann noch einmal kurz und ganz fest an und lassen Sie anschließend locker. Gönnen Sie sich zehn Sekunden Pause und wiederholen Sie die Übung, so oft es Ihnen angenehm ist. Mehr ist nicht immer besser – vor allem nicht am Anfang, wenn Sie zum ersten Mal ein PC-Training durchführen.

## Man ist so sexy, wie man sich fühlt

Es gibt viele Gründe, warum ich auf Kegel-Übungen schwöre. Frauen mit Orgasmusschwierigkeiten konnten mit Hilfe des Trainings zu Höhepunkten kommen. Anderen Frauen verhalf es zu stärkeren Orgasmen, und viele Frauen konnten nun sogar mehrmals hintereinander zum Höhepunkt kommen (darüber sprechen wir später noch). Aber das ist noch nicht alles. Ein trainierter PC-Muskel kann Inkontinenz verhindern und erleichtert den Geburtsschmerz. Das alles sind doch ziemlich viele Gründe, um von Kegel-Übungen begeistert zu sein.

## Und das ist erst der Anfang ...

Einer meiner Freunde ist Wirtschaftsprofessor und arbeitet nebenberuflich als Finanzplaner. Zweimal im Jahr veranstaltet er ein kostenloses viertägiges Seminar über »Finanziellen Wohlstand« – und was passiert? Sein Einkommen schnellt in die Höhe! Als er mir das zum ersten Mal erzählte, begann ich zu lachen und zog ihn auf: »Bist du sicher, dass das Seminar kostenlos ist?« Aber wissen Sie was? Seit ich Bücher über Sex schreibe, ist es mir ähnlich ergangen – jedes Mal, wenn ich wieder vollkommen in die Materie eintauche, verbessert sich mein Sexleben!

Auch das Liebesleben einer Sexualtherapeutin durchläuft aus den unterschiedlichsten Gründen Höhen und Tiefen; wenn ich an der Universität Kurse gebe, denke ich zum Beispiel häufiger an Stundenpläne, Semesterarbeiten und Noten als an meine Sexualität. In der Klinik konzentriere ich mich dann auf die sexuellen Bedürfnisse *anderer* Leute. Wenn ich aber an einem neuen Buch arbeite, ändert sich meine Einstellung gewaltig – ich denke über meine eigenen Bedürfnisse und die schönsten sexuellen Erlebnisse nach. Ich verliere mich vollkommen in dieser Thematik. Und das ist wirklich erregend!

Wir alle müssen mit Blockaden, Schwierigkeiten und Hindernissen auf dem Weg zu unserer eigenen sexuellen Persönlichkeit kämpfen. Auch ich bin manchmal so damit beschäftigt, Sex als ein Unterrichtsfach zu sehen, dass ich vergesse, meine Anregungen und Ideen auch selbst zu beherzigen.

Die Kegel-Übungen sind wunderbar dazu geeignet, sich immer wieder an den eigenen Körper, an die eigene Lust zu erinnern und weiter auf dem Weg zum *Bad Girl Sex* zu gehen – also spannen Sie ein letztes Mal Ihren PC-Muskel an und blättern Sie um!

# Bad Girls kleiden sich sexy

Sandy hat es satt, immer brav zu sein. Jeden Abend hofft sie sehnsüchtig darauf, dass ihr Liebster sie wieder einmal so packt und über sie herfällt wie bei ihren ersten Verabredungen. Aber warum trägt Sandy dann ein knöchellanges Flanellnachthemd, das sie einmal von ihrer Großmutter zu Weihnachten bekommen hat, und dazu riesige flauschigweiche Puschen?

Sandy weiß genau, was sie will – das ist nicht das Problem. Leider kleidet sie sich nicht ihren Wünschen entsprechend. Sie denkt wie ein Bad Girl, sieht aber aus wie das klassische Good Girl. Dieser Widerspruch verwirrt ihren Partner, weil Sandys leidenschaftliche Seite meist unter einer biederen Oberfläche verborgen bleibt.

Viele Frauen wissen einfach nicht, wie man sich sexy kleidet. Die meisten von uns neigen sogar dazu, sich in Bezug auf verführerische Kleidung in die vollkommen falsche Richtung zu bewegen – rückwärts. Am Anfang einer Beziehung sind wir sehr darauf bedacht, möglichst erotisch auf unseren neuen Partner zu wirken. Wir kaufen neue Dessous, achten auf Länge und Schnitt unseres Rocks, den Glanz unserer Strumpfhose und die Zahl der offenen Knöpfe unserer Bluse. Das ist alles schön und gut – leider widmen wir uns diesen Kleinigkeiten ausgerechnet dann, wenn sie die kleinste Rolle spielen. Sehen wir den Tatsachen einmal ins Auge: Am Anfang einer Beziehung ist die sexuelle Spannung noch so groß, dass es beinahe bedeutungslos ist, was Sie anhaben oder was nicht. Ihr Partner ist ganz verrückt nach Ihnen, und im Nu haben Sie sich Ihrer Kleidung auch schon entledigt. Erst später, wenn Wochen und Monate – vielleicht sogar Jahre (auch das gibt es!) – ins Land gegangen sind und die Spannung nachgelassen hat, kommt es wirklich auf Ihre Kleidung an. Dann nämlich sendet sie die entsprechenden sexuellen Signale, die Sie und Ihr Partner benötigen, und es kommt auf Ihre Liebe zum Detail an: Was verraten Ihre Kleider Ihrem Partner über Ihr sexuelles Verlangen? Wie kleiden Sie sich an Tagen, an denen Sie sich sexy fühlen? Was ziehen Sie zu besonderen Verabredungen an? Was tragen Sie, wenn Sie ins Bett gehen wollen – aber längst noch nicht müde sind?

Wenn Sie in einer sexy Stimmung sind, müssen Sie auch dementsprechend aussehen, denn sie können nicht von einem Mann erwarten – nicht einmal, wenn Sie ihn schon sehr lange kennen –, dass er Gedanken lesen kann und weiß, wonach Ihnen in diesem Augenblick der Sinn steht. Sie müssen eindeutige Signale senden, die er entschlüsseln kann.

In diesem Kapitel werde ich Ihnen dabei helfen, so sexy und sinnlich wie nur irgend möglich auszusehen – mit etwas Unterstützung von einigen Utensilien, die für die Tages- und Abendgestaltung von unschätzbarem Wert sind.

Wir reden über Dekolletés und Rocklängen und überlegen uns, welche Vor- und Nachteile es hat, viel Haut zu zeigen. Wir sprechen über Slips, BHs, Nylonstrümpfe, Schuhe, Seide und Satin. Und wir sprechen auch über Make-up, Schmuck und Frisuren.

Verabschieden Sie sich von Flanellnachthemden und politisch korrekter Unterwäsche. Unser Ziel ist eine erotische Rundumerneuerung mit absoluter Erfolgsgarantie.

Hier geht es nicht darum, sich wie eine Prostituierte zu kleiden, sondern wie eine Frau, die weiß, wer sie ist, was sie braucht, was sie zu bieten hat – und die unmissverständliche Signale senden kann.

## Übernehmen Sie das Steuer

Wenn Sie schon einmal eine lange Autofahrt auf wenig befahrenen Straßen gemacht haben, kennen sie vielleicht das Gefühl: Man fährt mit gleich bleibendem Tempo mit wenig Konzentration und Anstrengung und schaltet sozusagen auf Autopilot. Das kann erholsam, aber auch sehr gefährlich sein, denn das Fahren verlangt so wenig Aufmerksamkeit von Ihnen, dass Sie Gefahr laufen, hinter dem Steuer einzuschlafen und sich im Straßengraben wiederzufinden.

Ist Ihre Garderobe womöglich auch auf Autopilot gestellt? Wann haben Sie das letzte Mal Ihren Autopiloten abgeschaltet, wenn es um die Auswahl Ihrer Kleidung ging? Wie viele von Ihnen sind bezüglich Ihres Outfits derart festgefahren, dass Sie sozusagen im Straßengraben stecken und weit und breit kein Abschleppwagen in Sicht ist? Es kann gut sein, dass Sie in einer Art »Kleiderschrank-Zeitmaschine« feststecken. Irgendwann in den 80ern oder frühen 90ern haben Sie Ihren Autopiloten eingeschaltet und seither nicht mehr wirklich über Ihre Garderobe nachgedacht. Es heißt, Frauen erreichen den Höhepunkt Ihrer sexuellen Ausstrahlung erst im Alter von 40 Jahren, aber kann Ihre Kleidung mit Ihrer wachsenden sexuellen Reife Schritt halten? Nehmen Sie das bitte nicht persönlich; ich möchte damit nicht sagen, dass Sie absolut aus der Mode sind – aber kleiden Sie sich wie ein süßes Mädchen oder eine Frau mit Stil und Sexappeal?

Wie kleideten Sie sich zu Schulzeiten? Oder an der Universität? Trugen Sie ihr Haar am liebsten kinnlang? Waren Sie eine von den Ordentlichen mit einem ganzen Schrank voller Polohemden in allen nur erdenklichen Farben? Oder waren Sie ein wildes Mädchen mit wirrem Haar und zerlöcherten Jeans und hielten Ihr T-Shirt provisorisch mit Sicherheitsnadeln zusammen?

Ob Sie nun den Schulmädchen-Look verkörperten oder eine Biker-Braut waren – wie weit sind Sie mit Ihrem Stil in Sachen Mode nun wirklich gekommen? Wie sehr haben Sie sich verändert?

Im vorherigen Kapitel sprachen wir bereits ein wenig über Kleidung und darüber, wo unsere stillen Wasser und Weihnachtsbäumchen modemäßig wohl stehen geblieben sind.

Keine Sorge, Sie werden nicht durch den Kakao gezogen – wir werden nur Ihren Autopiloten abschalten und Ihre Garderobe und Ihren Stil auf Herz und Nieren prüfen.

Eine Sache wird Ihr Bad Girl aufblühen lassen und Ihrem Selbstvertrauen einen gewaltigen Schub geben. Sie ist relativ kostengünstig und das Preis-Leistungs-Verhältnis ist überraschend gut. Ich kann Sie nur dazu ermutigen, diese Veränderung so bald als möglich, hundertprozentig, vollkommen und über Nacht durchzuführen. Sie möchten wissen, wovon ich rede? Es ist das, was *er* zu 99 Prozent der Zeit nicht einmal zu Gesicht bekommt und Sie für selbstverständlich halten: Ihre Unterwäsche! BHs, Slips jeglicher Art, Strumpfhosen usw.: Die Unterwäsche ist das A und O. Anstatt an der Oberfläche anzusetzen, beginnen wir mit der untersten Schicht. Stellen Sie sich folgende Situation vor:

Seit einigen Wochen verabreden Sie sich mit einem Mann, und mittlerweile ist die sexuelle Spannung zwischen Ihnen kurz vor dem Siedepunkt. Eines Morgens – kurz bevor Sie sich auf den Weg zur Arbeit machen – ruft er Sie »ganz spontan« an und fragt, ob Sie Lust hätten, mit ihm in einem teuren Restaurant zu Abend zu essen und Ihr vierwöchiges Jubiläum zu feiern. Wow, er hat sich daran erinnert! Natürlich sagen Sie zu. Nach einem wunderbar romantischen Essen überrascht er Sie damit, dass er im Hotel nebenan ein Zimmer für sie beide reserviert hat. Ihr Herz rast!

Sie gehen also auf das Zimmer. Er hat sogar für eine Schale verführerischer Erdbeeren mit Schlagsahne und eisgekühlten Champagner gesorgt. Im Hintergrund spielt leise Musik, und die Lichter der Stadt leuchten in der Ferne. Ihr Liebster schlägt die Bettdecke zurück und dreht sich zu Ihnen. Langsam beginnt er, Sie auszuziehen. Knopf für Knopf öffnet er Ihre Bluse, lässt sich viel Zeit und küsst jeden freien Zentimeter Ihres Körpers. Schließlich schiebt er die Bluse sacht über Ihre Schultern und ...

oh je! Er entdeckt Ihren alten verwaschenen BH, den Sie heute früh angezogen hatten, weil kein anderer mehr im Schrank war. Aber Ihr Liebster ist ein wahrer Held. Sicher hat ihn der BH etwas aus der Fassung gebracht, aber er kämpft tapfer weiter. Er greift um Sie herum und öffnet geschickt den Reißverschluss Ihres Rocks, der zu Boden gleitet und den Blick freigibt auf … Mist! Nicht die himmelblaue, ausgeleierte Baumwoll-Unterhose! In dieser Sekunde möchten Sie wahrscheinlich vor Scham im Boden versinken.

Versetzen Sie sich einmal in die Lage des feurigen Liebhabers aus unserer Geschichte. Er scheute keine Mühen, um die erste gemeinsame Nacht zu etwas ganz Besonderem zu machen, und seine Auserwählte trägt die denkbar unerotischste Unterwäsche!

Merken Sie sich: Ein Bad Girl trägt immer Dessous, die sie an Sex denken lassen – ob sie nun tatsächlich welchen hat oder nicht. Das Einzige, was Bad Girls und Pfadfinderinnen wahrscheinlich verbindet, ist das Motto: »Sei auf alles vorbereitet«. Ein Bad Girl lässt nicht zu, dass ihr langweilige Unterwäsche den Spaß verdirbt.

Wer hat Ihrer Meinung nach den meisten Sexappeal? Ist es Tom Cruise? Mel Gibson? Brad Pitt? Harrison Ford? Ihr Ehemann? (Sie Glückspilz!) Wer auch immer es ist, ich möchte, dass Sie ihn vor Augen haben, während Sie die erste Übung dieses Kapitels durchführen.

## ÜBUNG 1

### Unterwäsche-Weitwurf

Bei dieser Übung werden wir Ihre persönlichsten Kleidungsstücke erbarmungslos unter die Lupe nehmen und unnötigen Ballast entsorgen. Öffnen Sie also alle Schubladen und Schränke, in denen die nicht erwähnenswerten Stücke auf ihren Einsatz warten und machen Sie sich bereit, all diejenigen auszurangieren, die schlaff, schwunglos, nur wenig sexy, nicht mehr sexy oder gar geschlechtsneutral sind.

Hier ist das Kriterium: Wenn Sie in diesem BH, Slip oder Unterhemd nicht von dem in Ihren Augen attraktivsten Mann gesehen werden wollen – dann werfen Sie es weit weg!

So einfach ist das. Warum sollten Sie jemals etwas tragen, das nicht sexy genug für ein Rendezvous mit dem bestaussehenden, attraktivsten und begehrenswertesten Mann der Welt ist? Das Leben ist viel zu kurz, um hässliche Unterwäsche zu tragen.

Ich bin jedes Mal wieder überrascht, wie blind wir Frauen in Bezug auf unsere Unterwäsche sein können. Wenn ich einen reinen Frauenkurs gebe, bitte ich die Teilnehmerinnen manchmal zum Spaß, ihre scheußlichste Unterwäsche mitzubringen. Diese Übung hat mehrere Gründe: zum einen, Ihnen bewusst zu machen, wie sehr sie dieses Thema bisher verschlafen haben. Herrje! Wenn Sie bedenken, dass die Frauen wahrscheinlich nur ihr zweit- oder dritthässlichstes Sortiment mitgebracht haben, weil es Ihnen zu peinlich war, das allerhässlichste mitzunehmen ... »Houston, wir haben ein Problem!«

Außerdem finde ich es interessant, dass die Frauen mit dem größten Selbstbewusstsein gar mit leeren Händen kommen, weil sie an ihrer Unterwäsche absolut nichts auszusetzen haben.

Es liegt auf der Hand, dass die Szene, die ich als Einleitung für dieses Kapitel gewählt habe, ein absolutes »Nein« für Bad Girls ist. Eine Absolventin der Schule für Bad Girls hätte kein derartiges Stück in ihrem Besitz, ganz zu Schweigen an ihrem Körper. Eines der einfachsten, schnellsten und effektivsten Mittel, sich sexy und erotisch zu fühlen, ist das Tragen atemberaubender Dessous. Das Tolle an Ihrer Wäsche ist, dass außer Ihnen niemand weiß, was Sie tragen – d. h. Sie können buchstäblich über Nacht von gerippter Baumwolle auf schwarze Seide umsteigen, ohne dass es jemand bemerkt. Wenn es sich also um ein Stück handelt, von dem Sie nicht wollen, dass Mel Gibson es Ihnen mit den Zähnen vom Körper reißt, verbrennen Sie es, werfen Sie es weg oder reißen Sie es in Fetzen. Tun Sie sich den Gefallen und verbannen Sie es aus Ihrem Leben.

## Ausmisten Teil II

Erinnern Sie sich an die Geschichte von Sandy am Anfang dieses Kapitels? Selbst auf dem Höhepunkt ihres sexuellen Verlangens war sie sich nicht bewusst, dass ihre eigene Kleidung schuld an der Widersprüchlichkeit ihrer Signale war.

Wenn Sandy statt in Flanellnachthemd und puscheligen Hausschuhen in etwas Kurzem, Schwarzem und Transparentem im Schlafzimmer aufgetaucht wäre, hätte sie dann ihrem Partner unmissverständlich gezeigt, was sie möchte? Glauben Sie, Sandys Chancen auf eine wilde Nacht stünden dann besser? Ihr Liebhaber kann Sie nur schwerlich für ein Bad Girl halten, wenn Sie aussehen wie seine kleine Schwester oder eine Pfadfinderin.

## ÜBUNG 2

### Der Terminator

Jetzt wird es Zeit, jedes einzelne Kleidungsstück in Ihrem Schrank gnadenlos zu inspizieren: Röcke, Blusen, Hosenanzüge, Freizeitkleidung und Nachtwäsche.

Bei der Betrachtung der einzelnen Teile gibt es drei Fragen, die Sie sich stellen sollten:

- Fühle ich mich beim Tragen dieses Kleidungsstückes sexy, stark, charismatisch und unwiderstehlich?
- Habe ich dieses Kleidungsstück im letzten Jahr getragen?
- Ist dieses Kleidungsstück noch in gutem Zustand?

Wie Sie sicherlich gemerkt haben, ist der Zweck dieser Übung, alle Kleidungsstücke auszusortieren, die in irgendeiner Weise Ihren Sexappeal mindern könnten. Sandys Flanellschlafanzüge mögen ja süß sein, aber egal welchen Mann Sie auch fragen, Sie werden immer die gleiche Antwort erhalten: Süß ist nicht sexy. Süß ist nicht gefährlich. Süß ist nicht verwegen. Süße Menschen hält man auch nicht für charismatisch. Süß ist gleichbedeutend mit harmlos und unreif. Es wird Zeit, dass Sie sich Ihrem Alter gemäß verhalten.

Haben Sie eines der Kleidungsstücke seit über einem Jahr nicht mehr getragen, dann ist das ein Wink mit dem Zaunpfahl. Ein Jahr ist eine lange Zeit, und wenn Sie 365 Tage ohne ein bestimmtes Stück ausgekommen sind, sollten Sie es ausrangieren. Ich verspreche Ihnen, es wird durch etwas Besseres ersetzt werden.

Außerdem gibt es nichts, was weniger zu einem Bad Girl passt als schmuddelige Kleidung, ausgefranste Bündchen, fehlende Knöpfe und kaputte Reißverschlüsse. Ein Bad Girl beherrscht ihre Rolle perfekt und sorgt dafür, dass man ihrer Kleidung ansieht, welchen Wert sie auf ihr Äußeres legt. Wenn Sie ein Kleidungsstück nicht mehr aufpeppen können, dann werfen Sie es weg.

Nun kommt der Test, den jedes Teil in Ihrem Schrank bestehen muss: Wenn Sie Frage 1 mit »Ja« beantworten können, und die Antwort auf mindestens eine der beiden anderen Fragen auch »Ja« heißt, dann können Sie es behalten. Sollten Sie jedoch insgesamt nur eine Frage positiv beantworten können – Gratulation! Sie haben ein weiteres Teil für die Kleidersammlung gefunden.

Bevor Sie mit dieser Übung fortfahren, möchte ich noch ein Wort der Vorsicht anmerken:

**Stille Wasser:** Achten Sie auf Kleidungsstücke, die in die Kategorie »nett« fallen. Wissen Sie nicht, was »nett« in Bezug auf Kleidung bedeutet? Es wäre ein Outfit, dem Ihre Mutter ohne weiteres zustimmen und das bei einem Elternabend keinerlei Aufsehen erregen würde. Kleidung, die Sie nicht an SEX denken lässt. Keine Panik, meine lieben stillen Wässerchen. Sexy ist nicht gleich aufdringlich. (Das ist es nur in den seltensten Fällen.) Sie können sich sexy kleiden und dabei immer noch dezent wirken. Sexy schreit nicht nach Aufmerksamkeit. Aber

»nett« ist nicht unwiderstehlich, »nett« ist nicht charismatisch, »nett« ist nicht sexy. »Nett« ist nichtssagend und langweilig. Es ist kein Geheimnis, dass Sie wissen, wie man nett sein kann. Sie möchten aber doch endlich Ihre nicht so nette Seite entdecken – Sie wissen, von welcher Seite ich rede: Die Seite an Ihnen, die nicht immerzu strahlend lächelt, nicht ständig darauf bedacht ist, anderen zu gefallen, die nicht mit Fensterputzen beschäftigt ist!

**Weihnachtsbäumchen:** Diesbezüglich verfolgen Sie das gleiche Ziel wie unsere stillen Wasser – allerdings kommen Sie genau aus der anderen Richtung. Sie suchen nach einem Kleidungsstück, das Ihnen ein bestimmtes Gefühl vermittelt – das Gefühl, nicht verkleidet zu sein, echt zu sein, eine Frau zu sein. Ich kenne das Geheimnis aller Weihnachtsbäumchen: Sie sind oft sehr schüchtern und verletzlich und haben sich angewöhnt, sich hinter den vielen Accessoires zu verstecken. Das Beste, was ein Weihnachtsbäumchen für ihren Sexappeal tun kann, ist, einige dieser Schichten abzulegen und ihr wahres Ich zu zeigen. Sie sind auf der Suche nach einem dezenteren, weniger aufdringlichen Look. Eine hilfreiche Faustregel für alle Weihnachtsbäumchen lautet: Wenn es glitzert, glänzt, im Dunkeln leuchtet oder gewisse Körperteile wie auf dem Präsentierteller zur Schau stellt, sortieren Sie es aus! Folgen Sie dem Motto: »Weniger ist mehr«.

Es gibt eine Redewendung aus den 60ern, die lautet: »Wenn Sie nicht Teil der Lösung sind, dann sind Sie Teil des Problems.« Das ist das Maß, mit dem Sie alle Kleidungsstücke in Ihrem Schrank messen sollten: Wenn es dazu beiträgt, dass Sie sich sexy und erotisch fühlen, ist es Teil der Lösung. Aber wenn es dieses Gefühl nicht hervorruft, dann ist es Teil des Problems. Geben Sie es zur Adoption frei!

*Bad Girls brauchen nicht viele Kleider.*
*Es müssen nur die richtigen sein.*

Wenn ich an den Vergleich von »richtigen« und »falschen« Kleidern denke, fällt mir eine tolle Geschichte ein, die ich Ihnen nur ungern vorenthalten möchte.

Eine meiner besten Freundinnen ist eine schöne Frau und Vizepräsidentin einer großen Bank. Ich bewundere alles an ihr ... außer ihrer Art, sich zu kleiden! Sie hat nicht etwa einen schlechten Geschmack, sie ist meistens einfach nur schrecklich förmlich. An Nadelstreifen gibt es bei Bankleuten während der Geschäftszeiten eigentlich nichts auszusetzen, aber bei einer Verabredung? Als sie einmal zu mir zu Besuch kam, freute ich mich insgeheim, als ihr Gepäck auf dem Flug verloren ging. Ich sagte ihr, das sei göttliche Fügung und eine ausgezeichnete Gelegenheit, sich einige neue Kleidungsstücke zu kaufen. Leider genügte es ihr völlig, sich ein paar T-Shirts und Jeans von mir zu borgen. Sie kam damit durch, bis wir zufällig auf der Straße einen Nachbarn von mir trafen, der eine Party gab, um seinen Aufstieg zum Firmenpartner zu feiern. So viel zu Jeans und T-Shirt!

Jody beschloss ganz einfach, etwas von meinen Sachen anzuziehen – und was sie herauszog, erwies sich als der absolute Glücksgriff! Es handelte sich um ein rotes Minikleid, das ich noch kein einziges Mal getragen hatte, ärmellos mit einem tiefen Dekolleté, das ihre Brüste (von denen ich nicht einmal wusste, dass sie existierten) ganz erstaunlich zur Geltung brachte. Die Farbe stand ihr ausgezeichnet, und ich wusste gleich, dass ich mich sofort von diesem Kleid verabschieden sollte, weil ich es wahrscheinlich nie wieder zurückbekommen würde! Jody war wie verwandelt. Ich hatte sie noch nie so sexy und selbstsicher erlebt – und das Erstaunlichste an der ganzen Sache war, dass sie diese Veränderung selbst bemerkte.

Wir gingen auf die Party, und meine zugeknöpfte Freundin Jody war der Star des Abends. Ich hatte sie vorher nie so entspannt gesehen. Da sie nicht auf ihre eigene Garderobe zurückgreifen konnte, war sie gezwungen, etwas Neues zu probieren, eine Richtung einzuschlagen, die sie unter normalen Umständen niemals in Betracht gezogen hätte. Ich glaube auch, dass es für sie hilfreich war, unter Menschen zu sein, die sie nicht kannte. Sie hatte sozusagen die Chance, kostenlos ein neues Ich auszuprobieren, und ich bin mir sicher, dass das Kleid die Veränderung bewirkt hat. Vor ihrer Abreise tat mir Jody noch den Gefallen und bat mich, ihr einige meiner Lieblingsboutiquen zu zeigen und ihr ein wenig beim Kleiderkauf behilflich zu sein. Ich bin mir sicher, dass sie von neun bis fünf noch immer Nadelstreifen trägt, aber nach Feierabend wird sie in Zukunft wesentlich häufiger ihre entspannte, sinnliche und lebensfrohe Seite zeigen.

## Auf geht's in die nächste Runde!

Sicherlich haben Sie inzwischen Ihren Kleiderschrank von allem unerwünschten Ballast befreit. Das ist ein wirklich wichtiger Schritt und ich hoffe nicht, dass Sie einen Rückzieher machen und sich damit nur selbst betrügen. Durch das Ausmisten Ihres Schrankes haben Sie nicht nur buchstäblich Platz für Neues geschaffen, sondern sich auch im Geiste von der Person befreit, die Sie waren, als Sie jene Kleider noch trugen. Sie haben auf psychischer Ebene Raum für einen Neuanfang geschaffen. Öffnen Sie die Fenster und lassen Sie – auch im übertragenen Sinn – frischen Wind in Ihren Kopf und Ihren Kleiderschrank.

### Aber was ziehen Sie jetzt an?

Nach dem Ausmisten Ihres Schrankes besitzen Sie nur noch Kleider, in denen Sie sich gut fühlen. Allerdings ist nun eine Menge Platz frei. Womit werden Sie ihn füllen? Selbst wenn Geld für Sie keine Rolle spielen sollte, schlage ich vor, ganz gemächlich über Neuanschaffungen nachzudenken.

Bei der nun folgenden Übung werden Sie sich mit Hilfe ihrer Kreativität und Vorstellungskraft ein Bild davon machen, wie sich Ihr inneres Bad Girl kleiden würde, wenn sie absolut freie Hand hätte. Es gibt dabei kein »sollte«, »würde« und »könnte«. Sie müssen niemandem gegenüber Rechenschaft ablegen und sich für absolut nichts schämen.

Behalten Sie die Geschichte von Jody als Inspiration im Hinterkopf und begeben Sie sich auf eine Reise. Es ist Zeit, einen kleinen Traum zu träumen. Erfolgreiche Athleten üben Ihre Bewegungen mental wieder und wieder, bevor Sie schließlich auf den Platz oder die Piste gehen. Sie stellen sich die erwünschten Ergebnisse vor, um sie dann wahr werden zu lassen. Sie werden die gleiche Technik anwenden, um das Zusammenstellen Ihrer neuen Garderobe zu erleichtern. Bevor Sie auch nur ein einziges neues Teil kaufen, werden Sie sich zuerst in einem völlig anderen Licht sehen. Mit Hilfe Ihrer Phantasie gehen Sie auf eine virtuelle Einkaufstour – und diesmal darf Ihr Bad Girl auswählen!

## ÜBUNG 3

*Einkaufen bis zum Umfallen – und zwar virtuell!*

- Setzen oder legen Sie sich bequem hin. Schalten Sie Ihr Handy oder jedes andere Gerät ab, das Sie während dieser privaten Zeit stören könnte.
- Atmen Sie tief durch die Nase ein, so oft, bis Sie völlig entspannt sind.
- Stellen Sie sich nun vor, Sie seien an einem Ort, an dem Sie niemand kennt. Vielleicht sind Sie – wie meine Freundin Jody – auf einer Party, deren Gäste Sie noch nie zuvor gesehen haben. Vielleicht sind Sie in eine fremde Stadt gezogen, um noch einmal ganz von vorne anzufangen. Vielleicht machen Sie Urlaub in einer Stadt, in der Sie noch nie waren. Oder in einem fremden Land! Oder vielleicht hatten Sie Glück, und die Fluggesellschaft hat Ihr Gepäck verloren und erstattet Ihnen Geld, um den Verlust zu ersetzen. Vergessen Sie nicht, dass bei dieser Übung

nichts Konsequenzen hat. Sie sind absolut frei. Niemand beurteilt, vergleicht oder beschämt Sie. Die einzige Regel bei diesem Spiel ist, dass Sie sich bei allem, was Sie tragen, vollkommen sexy fühlen müssen. Ohne Vorbehalte, ohne Vorschriften, ohne Einschränkungen: Wie würden Sie sich kleiden?

- Jetzt ist Ihre Chance gekommen, das hauteng Lederkleid anzuprobieren, das Sie mit großen Augen in einem Schaufenster bewundert haben. Vielleicht hatten Sie schon von jeher ein Faible für italienische Designer und sind auf Ihrer gedanklichen Reise nach Rom gezogen. Sie entwickeln eine Vorliebe für High Heels und Röcke, die nicht einmal bis ans Knie reichen. Sie kombinieren sie mit einer engen, weißen Bluse, bei der Sie den Kragen aufstellen und die gerade so weit aufgeknöpft ist, dass Ihr Spitzen-BH hervorblitzt. Betrachten Sie sich, wie Sie in diesem Outfit die Straße entlanggehen. Sehen Sie sich bei der Arbeit zu. Beobachten Sie sich beim Abendessen. Sie bewegen sich so geschmeidig wie eine Katze; Sie tragen Ihre Kleidung mit Freude und Stil.
- Vielleicht gehören Sie zu den Sonnenanbeterinnen, und Ihre Fantasie hat Sie nach Italien oder in die Karibik entführt. Zu ihrer zarten Bräune sehen lebendige Orange-, Lila- und Grüntöne fabelhaft aus. Sie tragen rückenfreie Tops und Hüftjeans, die Ihren Bauchnabel zeigen. Betrachten Sie sich, wie Sie in Ihrem sexy Outfit vollkommen entspannt über die Strandpromenade schlendern. Fühlen Sie, mit wie viel Selbstvertrauen und Sinnlichkeit Sie sich bewegen. Beobachten Sie den leichten Schwung Ihrer Hüften, während Sie am Ufer entlangspazieren.
- Oder Sie sind in einem Nachtclub in Südfrankreich. Sie tragen eine schwarze Latexhose, die beinahe so aussieht, als sei sie nur auf Ihren Körper gemalt. Ihr selbst entworfenes Oberteil besteht aus einem teuren Seidenschal, den Sie sich um die Brust gewickelt und im Nacken geknotet haben. Auf der überfüllten Tanzfläche sind Sie ganz in Ihrem Element. Sie fühlen die Musik in Ihrem Inneren und lassen Ihrem Körper freien Lauf.

Aber all das sind meine Phantasien. Wie sehen Ihre aus? Lassen Sie Ihre Phantasie sprudeln wie die Bläschen in einem Glas Champagner. Sie verpflichten sich in keiner Weise dazu, all die Kleider, in denen Sie sich vorstellen, auch anzuziehen, also lassen Sie alle Phantasien ruhig zu. So machen Sie sich wieder mit einem Teil Ihrer Persönlichkeit vertraut, der lange Zeit in Vergessenheit geraten war. Beobachten Sie Ihr Verhalten und Ihr Aussehen an den verschiedenen Orten genau.

- Welche Schuhe tragen Sie? Schuhe sind genauso wichtig wie der Rest Ihrer Garderobe. Von den Knöcheln aufwärts können Sie sich großartig fühlen, aber das falsche Schuhwerk macht das komplette Outfit zunichte. Achten Sie darauf, dass Sie sich in Ihren Schuhen ebenso gut fühlen wie in Ihrer Kleidung.
- Wie sieht Ihr Haar aus? Ist es länger als in Wirklichkeit? Ist es kürzer? Hat es eine andere Farbe? Die Frisur zu verändern, ist für Frauen überhaupt kein Problem – und es hat eine außerordentliche Wirkung. Legen Sie besonderes Augenmerk darauf, wie Ihr Haar in Ihrer Vorstellung aussieht.
- Wie sind Sie geschminkt? Haben Sie einen Lippenstift mit einem für Sie ungewöhnlichen Farbton aufgetragen? Tragen Sie normalerweise überhaupt keinen Lippenstift? Sind Ihre Augenbrauen kunstvoll geschwungen und nachgezogen? Tragen Sie mehr Make-up, weniger oder gar keines? In welche Richtung möchte Ihr Bad Girl gehen?

Nachdem Sie nun bis zum Umfallen virtuell eingekauft haben und die verschiedensten Möglichkeiten ausprobiert haben, nehmen Sie sich einen Augenblick Zeit, um noch einmal zusammenzufassen und zu reflektieren:

- Welche Art von Kleidung trugen Sie in Ihrer Vorstellung? In welcher Hinsicht unterschied sie sich von Ihrer jetzigen Kleidung? Seien Sie ganz präzise. Waren die Sachen enger, kürzer, schicker oder lässiger? Brachten sie einen bestimmten Körperteil besonders gut zur Geltung?
- Als Sie sich in diesen Kleidern sahen, bewegten Sie sich anders? War Ihre Körperhaltung verändert? Lächelten Sie? Glühten Sie förmlich? Wirkten Sie selbstbewusst? Konnten Sie sich dabei entspannen?
- Zu guter Letzt stellen Sie sich noch folgende Fragen: Was hindert mich daran, mich gleich jetzt so zu kleiden? Was hält mich davon ab?

Schreiben Sie jeden Grund auf, der Sie daran hindert, sich gemäß Ihren Vorstellungen zu kleiden. Gibt es praktische Gründe? Wenn Sie zum Beispiel in Alaska leben, werden Sie wahrscheinlich nicht allzu oft Gelegenheit haben, enge Tops zu tragen. Aber abgesehen von der Temperatur – welche Argumente setzen sich durch und überzeugen Sie davon, dass Sie sich nicht sinnlich, charismatisch und stilvoll kleiden können?

Versuchen Sie nicht, mir (oder sich selbst) weiszumachen, der Hinderungsgrund seien fünf oder zehn Kilo Übergewicht – das Körpergewicht hat absolut nichts mit Sinnlichkeit zu tun; wichtig ist die Einstellung zu Ihrem Körper.

Sie haben nicht viel Geld? Sogar in den meisten kleineren Städten gibt es Geschäfte, in denen die ein- oder zweimal getragenen Designerkleider der Reichen und Berühmten zu günstigen Preisen verkauft werden. Außerdem bieten die meisten großen Kaufhäuser im Schlussverkauf reduzierte Ware an. Sie kaufen so zwar Sommerkleidung zu Herbstbeginn (oder umgekehrt), aber so lange die Sachen bewirken, dass Sie sich unglaublich sexy fühlen, haben sie immer Saison.

Befürchten Sie, irgendjemand in Ihrem Leben – bedeutend oder unbedeutend – könnte Ihre Veränderung für nicht gut halten? Wenn Sie sich also wegen der Nachbarn, Freunde oder Eltern Sorgen machen, dann kenne ich einen Satz, der Sie von Ihrer Sorge befreien wird: »Die kommen alle darüber hinweg!« Sicher werden Sie ein oder zwei Wochen lang für Gesprächsstoff sorgen, aber glauben Sie mir: Alle sind weitaus mehr mit ihren eigenen Problemen beschäftigt, als damit, dass Sie plötzlich Push-up-BHs tragen.

Etwas anderes ist es, wenn Sie in einer festen Beziehung leben und sich sorgen, wie der Mann in Ihrem Leben diese Veränderung aufnehmen wird. In einem solchen Fall bedarf es einiger ernsthafter Überlegungen.

Ich lege Ihnen ans Herz, vorher mit ihm darüber zu sprechen und ihm die Gründe für Ihre geplante Veränderung zu erklären. Vielleicht zeigen Sie ihm sogar dieses Buch. Lassen Sie ihn darin blättern und ermutigen Sie ihn, Fragen zu stellen. Machen Sie ihm bewusst, dass Sie diese Veränderung zu Ihrem eigenen Wohl vornehmen (und nicht, um andere Männer für sich zu interessieren), und versichern Sie ihm, dass sich Ihre neuen Entdeckungen, der neue Schwung, die neuen Reize positiv auf Ihre Beziehung auswirken werden. Sollten Sie immer noch das Gefühl haben, dass er der ganzen Sache skeptisch gegenübersteht, bitten Sie um eine 90-tägige »Testphase«. Wenn er danach immer noch Fragen oder Bedenken haben sollte, sind Sie bereit, diese gemeinsam mit ihm zu besprechen.

Denken Sie daran, dass Sie behutsam vorgehen können und sollen. Es wäre wie ein Schock, wenn Sie von heute auf morgen Ihre Garderobe komplett verändern würden. Finden Sie deshalb Ihren neuen Stil ausgehend von Ihren eigenen Kleidern – jenen Teilen aus Ihrem Schrank, die das neue Vertrauen in Ihre individuelle Sexualität zum Ausdruck bringen. Später können Sie Ihre Vorstellungen als Sprungbrett für den Kauf der neuen Kleidungsstücke benutzen.

## Einkaufsbummel ins Ungewisse

Es ist an der Zeit, den virtuellen Einkaufsbummel in die Tat umzusetzen. Bevor Sie jedoch völlig aus dem Häuschen geraten, noch zwei Dinge:

**Nummer 1**: Sie müssen kein Geld ausgeben, wenn Sie nicht wollen (aber ich wette, Sie wollen!).

**Nummer 2**: Sie dürfen in keinem Geschäft, keiner Boutique einkaufen, in die Sie normalerweise gehen würden. Sie müssen einen neuen Laden ausprobieren. Nur so wird es ein Einkaufsbummel ins Ungewisse.

Wenn Sie ein stilles Wasser sind und in der Regel bei Benetton, Esprit oder Gap einkaufen, schlage ich vor, dass Sie einen Laden auswählen, der Ihnen bisher schiere Gänsehaut verursacht hat.

Wenn Sie zu den Weihnachtsbäumchen gehören und normalerweise in all den Geschäften Kundin sind, um die unsere stillen Wasser einen großen Bogen machen, rate ich Ihnen, in einen Laden zu gehen, den Sie bisher für absolut uninteressant hielten. Sie sind auf der Suche nach Kleidern, die Sex vermuten lassen, nicht aber welche, die schon vorab alles preisgeben.

Ich versuche, Sie in eine ähnliche Lage zu versetzen, in der sich damals meine Freundin Jody befand, als sie blindlings in meinen Schrank griff und so einen völlig neuen Look fand. Zu einem Einkaufsbummel ins Ungewisse gehört, in ein Geschäft zu gehen, in dem Sie niemand kennt. Erinnern Sie sich, dass Jody niemanden (außer mir) auf der Party kannte? Indem Sie anonym bleiben, können Sie die neue Seite an sich ausprobieren, ohne sich über die Kommentare Ihres Verkäufers Gedanken machen zu müssen oder Gefahr zu laufen, plötzlich einem Bekannten gegenüberzustehen. Fahren Sie in einen anderen Stadtteil oder sogar in eine andere Stadt. Das Wichtigste ist, dass Sie sich wohlfühlen.

Auf alle Fälle müssen Sie ein Geschäft (oder einen Katalog) wählen, das den Stil führt, den Sie auf Ihrem imaginären Einkaufsbummel für sich entdeckt hatten. Es ist an der Zeit, die mentale Erfahrung in eine physische umzuwandeln. Der Augenblick ist gekommen, um Ihr Bad Girl »anzuprobieren«.

## ÜBUNG 4

### Der reale Einkaufsbummel

Wenn Sie sich mutig genug fühlen, suchen Sie sich eine freundliche Verkäuferin im Geschäft Ihrer Wahl und erklären Sie ihr, dass Sie gerne einmal etwas Neues ausprobieren würden. Gehören Sie zu den Weihnachtsbäumchen, sagen Sie ihr, Sie möchten Ihren Look etwas dezenter, klarer und schlichter gestalten – und unbedingt sexy. Zählen Sie zu den stillen Wassern, erklären Sie ihr, dass sie dazu neigen, sich konservativ zu kleiden und nun auf der Suche nach etwas Auffälligem, Gewagtem sind.

Wenn Sie sich noch nicht von einer Verkäuferin beraten lassen möchten, ist das völlig in Ordnung. Wählen Sie selbst einige Stücke aus und ab geht's in die Umkleidekabine.

Sie haben Ihren Schrank ausgemistet und sowohl in ihm als auch in Ihrem Kopf Platz geschaffen – sie haben es in Ihrer Vorstellung anprobiert, und nun tragen Sie es tatsächlich: Ihr ganz persönliches, individuelles Bad-Girl-Outfit. Wie fühlen Sie sich? Wie sehen Sie aus? Finden Sie es großartig? Müssen Sie sich erst noch daran gewöhnen? Oder fühlt es sich schon an wie eine zweite Haut?

Sollte Ihnen das erste Kleidungsstück, das Sie anprobieren, nicht gefallen, geben Sie nicht auf, bis Sie etwas finden, das Ihnen zusagt.
Falls Sie es nicht schon getan haben, sprechen Sie jetzt mit einer Verkäuferin. Wenn Sie Ihr Aussehen toll finden, haben Sie ein wenig Bestätigung verdient. Wenn Sie sich noch etwas unschlüssig sind, verdienen Sie eine zweite Meinung!

### Der letzte Schliff

Ich hoffe, Sie haben mindestens ein Teil gefunden, von dem Sie völlig begeistert sind. Sollte aus irgendeinem Grund nichts Passendes dabei gewesen sein, versuchen Sie es in einem anderen Geschäft.

Falls Sie auch dort nichts finden, das Ihren Ansprüchen entspricht, dann müssen Sie unter Umständen Ihre Kriterien ein wenig revidieren. Vielleicht möchten Sie zu viel zu schnell erreichen. Wenn das der Fall ist, setzen Sie die Messlatte ein wenig tiefer. Es soll schließlich Spaß machen! In dem Moment, in dem Ihre »Verwandlung« beängstigend oder gar bedrohlich auf Sie wirkt, sind Sie wahrscheinlich zu weit gegangen und haben die Grenze Ihres Wohlbehagens überschritten. Wenn dem so ist, gehen Sie so weit zurück, bis Sie sich wieder sicher fühlen.

### In Erscheinung treten

Wo Sie nun ein oder zwei (oder gar drei oder vier!) neue, atemberaubende Kleidungsstücke erworben haben, wappnen Sie sich, um diese mit der ganzen Welt zu teilen! Sie haben Ihr

Licht wahrlich lange genug unter den Scheffel gestellt; es wird Zeit, dass es richtig leuchtet!

Ich möchte, dass Sie sich innerhalb einer Woche nach dem Kauf entweder mit einem der Stücke (wenn Sie Einzelteile gekauft haben) oder einem der kompletten Outfits in der Öffentlichkeit zeigen. Wenn es für Ihren Job angemessen ist, tragen Sie es bei der Arbeit. Wenn es sich eher um Abendgarderobe handelt, tragen Sie es bei einem Abendessen, einer Party oder einer Verabredung.

Ich persönlich habe bezüglich der Kleidung großes Glück, denn als Sexualtherapeutin genießt man eine Menge Freiheiten. Natürlich muss man bei der Arbeit korrekt gekleidet sein, aber längst nicht so zugeknöpft wie beispielsweise Bankangestellte. Sie müssen sich vielleicht an eine strengere Kleiderordnung halten. Nehmen Sie beim Zusammenstellen Ihres Outfits auf Ihr eigenes Arbeitsverhältnis Rücksicht, denn nur Sie selbst können die Schmerzgrenze in Ihrer individuellen Situation beurteilen.

## Wenn der Schuh passt ...

Haben Sie auch schon einmal gehört, man könne den Wohlstand einer Person an den Schuhen erkennen? In der heutigen Zeit gibt es andere Maßstäbe für Reichtum als im letzten und vorletzten Jahrhundert; Männer und Frauen tragen nicht immer Hüte, wenn Sie das Haus verlassen, und Frauen tragen auch keine Handschuhe und Schleier mehr. Vor allem in legerer Kleidung sehen wir alle relativ gleich aus – abgesehen von den Schuhen! Eine geschmackvoll gekleidete Frau würde nie billige oder abgetragene Schuhe tragen. Nichts – absolut nichts – zerstört den Gesamteindruck eines Outfits mehr als zerschlissene, ausgetretene und beschädigte Schuhe.

## ÜBUNG 5

*Inspizieren Sie Ihr Schuhwerk*

Jetzt ist es soweit: Sie müssen genauso unbarmherzig mit Ihren Schuhen umgehen wie zuvor mit Ihrer Garderobe.
Das heruntergesetzte »Schnäppchen«, das zu eng ist? Weg damit! Die Espandrillos aus Spanien, die sich langsam in ihre Bestandteile auflösen? Weg damit! Ihre Lieblingspumps mit dem abgerissenen Riemchen? Kaufen Sie neue! Nehmen Sie wieder die Ein-Jahres-Regel als Richtlinie: Wenn Sie die Schuhe in den vergangenen 365 Tagen nicht mehr getragen haben, werden sie ausrangiert.

Halten Sie mich nicht für völlig herzlos: Ich glaube, dass so manches Paar Schuhe erfolgreich repariert werden kann. Vielleicht braucht es nur neue Sohlen oder Absätze oder muss gründlich aufpoliert werden. Sie werden feststellen, dass Ihre teureren Schuhe besser auf regelmäßige Pflege ansprechen als die billigeren. Nach meiner Erfahrung halten teurere Schuhe länger. Lassen Sie sich Ihre Schuhe etwas mehr kosten und pflegen Sie sie gut, und Sie werden merken, dass Sie damit besser beraten sind. Außerdem haben Sie sich gute Qualität verdient!

## Das Tüpfelchen auf dem »i«

Im letzten Abschnitt dieses Kapitels sprechen wir über die kleinen Extras: Make-up und Frisur. Make-up und Frisur sind etwas heikel. Sie können unsere besten Helfer, aber auch unsere größten Feinde sein, können Ihre Schokoladenseite betonen, oder aber das Unvorteilhafte noch herauskehren. Ich kenne Frauen, die sich jedes Jahr eine neue tadellose Garderobe zulegen, aber seit einem Jahrzehnt ihre Frisur oder ihr Make-up nicht mehr verändert haben. Gehören Sie auch zu dieser Gruppe? Wann haben Sie das letzte Mal eine auffallende Veränderung in einer der beiden Kategorien vorgenommen?

Wie flexibel ist Ihr »Look«? Setzen Sie Ihr Haar und Ihr Make-up als die Accessoires ein, die sie sind? Oder sieht Ihr Haar und Ihr Make-up immer gleich aus?

Wie weiblich ist Ihr »Look«? Tragen Sie vielleicht einen eher zweckmäßigen Kurzhaarschnitt? Dann ist es Zeit, aufzuwachen!

Wecken Sie Ihre Sinne! Wenn Sie sich noch nie eine Rundumerneuerung gegönnt haben, dann wird es höchste Zeit.

Wir wissen alle, wie sehr eine schlecht sitzende Frisur unser Aussehen ruinieren und unser Selbstvertrauen in den Keller sinken lassen kann. Drehen wir diese Erkenntnis um, so könnten eine tolle Frisur und schönes Make-up unser Aussehen verbessern und unser Selbstvertrauen wachsen lassen. Und das ist absolut richtig! Ein Bad Girl hat begriffen, wie wichtig es ist, sich rundum wohlzufühlen. Also, keine Entschuldigungen mehr – los geht's!

# Bad Girls erkennt man schon am Gang

Ich erlebe es immer wieder, und es ist zum Verrücktwerden: schöne Frauen, die Röcke tragen, die bis zu den Schenkeln geschlitzt sind, Oberteile, die ihre Brüste zur Schau stellen, oder String-Tangas, die am Strand die Blicke aller magisch anziehen. Aber bei genauerem Hinsehen verliert man jegliches Interesse. Das mag an der Körperhaltung oder am Gang der Frauen liegen – vielleicht aber auch an ihrem Gesichtsausdruck. Irgendetwas stimmt einfach nicht.

Gehen Sie an einem x-beliebigen Tag in Ihrer Stadt spazieren, und Sie werden verstehen, wovon ich spreche. So viele Frauen *versuchen*, attraktiv zu sein, wirken aber dennoch uninteressant, da ihre sexuelle Ausstrahlung nur aufgesetzt ist. Woran kann das liegen? Offenbar fehlt es ihnen einfach an Überzeugung und an der Fähigkeit, ihre Sinnlichkeit anderen (und sich selbst) zu vermitteln. Brüste bleiben so einfach nur Brüste, Schenkel nur Schenkel. Weibliche Kurven werden uninteressant und die verführerischen Details sind schnell vergessen, wenn das Gesamtbild nicht überzeugend ist. In diesem Falle trügt der Schein – und viele Frauen leiden darunter.

Andererseits fallen einige Frauen sofort auf und bleiben in Erinnerung. Wahrscheinlich sehen sie weder besser aus, noch sind sie besser in Form, und ihre Kleider sind weder teurer noch modischer. Trotzdem strahlen sie etwas aus, das die Aufmerksamkeit der Männer erregt. Man kann ihre Sexualität förmlich spüren. Im letzten Kapitel haben wir darüber gesprochen, welche Kleider Sie zu einer Frau machen. In diesem Kapitel widmen wir uns der Frage, wie man auftreten muss, um eine Frau zu sein. Dabei werden wir uns auf etwas konzentrieren, das ich **attraktives Gesamtbild** nenne – Ihre Art zu gehen, zu sitzen, einen Raum zu betreten und zu verlassen; die Art, wie Sie Ihren Oberkörper halten und Ihre Arme und Hände bewegen, Ihre Beine übereinander schlagen. Ihr Gang, Ihre Körperhaltung, Ihr Blick: Alles hat seine Wirkung.

Was sehen Ihre Mitmenschen, wenn Sie sich Ihnen nähern? Wie wirken Sie auf Ihre Umwelt? Wie können Sie einen unvergesslichen Eindruck hinterlassen? Wir reden hier von Ihrem Gesamteindruck, der Sie für Männer begehrenswert macht. Wenn Sie ein Bad Girl sein möchten, müssen Sie diese Rolle *leben* und mit jeder Geste umsetzen.

## Swing, Baby, swing!

Truman Capote ist einer meiner Lieblingsautoren. Er und Marilyn Monroe waren gute Freunde, und einst schrieb er über ein denkwürdiges Erlebnis.

Er begleitete Marilyn zu einem Begräbnis. Sie war zutiefst erschüttert über den Tod ihres Freundes und weinte unaufhörlich während der ganzen Zeremonie. Nach dem Trauergottesdienst gingen sie gemeinsam Arm in Arm vor dem Friedhofsgebäude spazieren. Plötzlich – als hätte sie durch die frische Luft wieder neue Kraft geschöpft – sagte Marilyn: »Soll ich dir etwas Lustiges zeigen?« Capote hatte keine Ahnung, worauf sie hinauswollte und antwortete: »Natürlich.« (Wer würde das nicht?) Mit einem Mal streckte Marilyn ihren Rücken, hob das Kinn, zog den Bauch ein, machte kleinere Schritte, und wie auf ein Signal hin – innerhalb von Sekunden – begannen die Passanten, sie anzusehen und anzustarren, einander anzustoßen, zu winken und auf sie zu zeigen: »Das ist Marilyn!«.

Capote war verblüfft. Dieselbe Frau, dieselben Kleider, dasselbe verweinte Gesicht. Sie hatte nicht einmal ihre Sonnenbrille und ihr Kopftuch abgenommen – aber es lag nicht nur an ihrer Haltung oder ihrem Gang. Capote spürte plötzlich eine Ausstrahlung, die kurz zuvor nicht vorhanden zu sein schien. Heute würden wir wahrscheinlich von einer »Aura«

sprechen. Er erkannte, dass die Schauspielerin in der Lage war, »Marilyn« auf Knopfdruck ein- und auszuschalten. Wenn nötig, konnte sie verschwinden und erst wieder auftauchen, wenn ihr der Sinn danach stand. »Das ist die Macht der Marilyn«, hat der legendäre Truman Capote angeblich gesagt. Was kann man da noch hinzufügen?

Wie um alles in der Welt hat sie das geschafft? Wie konnte sie eine solche Macht erlangen? Verstehen Sie mich nicht falsch – ich will damit nicht sagen, dass wir alle Marilyn Monroe nacheifern sollen – aber wir können von ihr lernen. Ob Sie ein Fan von ihr sind oder nicht, es besteht kein Zweifel, dass ihr Sexappeal auf unvorstellbare Weise andauert.

## Wer ist diese Frau?

*Frage Nr. 1: Wie gehen Sie durch die Welt?*
Werden Sie sofort bemerkt, wenn Sie einen Raum betreten? Werden Sie oft gebeten, etwas langsamer zu gehen? Sich etwas zu beeilen? Hat schon einmal jemand gesagt: »Ich wusste, dass du es bist«, weil man Sie bereits am Schritt erkannte?

*Frage Nr. 2: Worauf richtet sich Ihr Blick beim Gehen?*
Sind Sie vollkommen in Gedanken versunken und versuchen, möglichst nicht daran zu denken, dass Sie überhaupt gehen? Ist Ihr Blick auf Ihre Arme gerichtet, die Ihre Handtasche umklammern, aus Angst, sie könnte gestohlen werden?

Ich verrate Ihnen ein Geheimnis: Ihre Mitmenschen (dazu gehören auch Männer) werden genau auf das schauen, worauf Sie sich konzentrieren; ein zweischneidiges Schwert, das sehr nützlich sein kann, wenn Sie es zu Ihrem Vorteil einsetzen. Genau darum geht es in diesem Kapitel: Sie werden einige grundlegende Techniken kennen lernen, um Ihre Körpersprache für und nicht gegen Sie arbeiten zu lassen.

## Lächeln Sie in die Kamera!

Es gibt nur einen Weg, um herauszufinden, wie Sie gehen und reden: Lassen Sie sich auf Video aufnehmen. Halt! Wo wollen Sie denn so plötzlich hin? Bekommen Sie bloß keine kalten Füße – der Spaß fängt jetzt erst richtig an! Ich weiß natürlich, dass die meisten von Ihnen die nächsten paar Seiten einfach überfliegen möchten und diese Übung niemals wirklich durchführen werden. Aber denjenigen, die diese Übung ernst nehmen, kann ich gar nicht oft genug sagen, wie reich Sie dafür belohnt werden. Sie werden Dinge über Ihre Wirkung auf andere erfahren, die Ihnen sonst wahrscheinlich für immer verborgen geblieben wären.

Kennen Sie jemanden, der nie über die dritte oder vierte Verabredung hinauskommt? Sind womöglich Sie selbst dieser »Jemand«? Sollten Sie immer wieder bereits im Anfangsstadium einer Beziehung scheitern, dann könnte es unter Umständen daran liegen, dass Sie einen falschen Eindruck von Ihren Zielen vermitteln. Folgende Übung kann der Schlüssel zur Lösung dieses sonderbaren Problems sein.

Kommt Ihnen folgende Situation bekannt vor? Sie verbringen Stunden vor dem Spiegel, um sich auf eine Verabredung vorzubereiten. Sie geben sich äußerste Mühe mit Ihrem Outfit, Ihrem Make-up und Ihrer Frisur. Schließlich werden Sie abgeholt – und der erste Kommentar ist: »Süß siehst du aus!« *Süß*. Na toll. Wer auch immer Ihnen dieses »Kompliment« macht, meint es nicht böse. Aber dieser Eindruck hat nicht wirklich viel mit dem zu tun, was Sie ausstrahlen wollten.

Damit wird ein für alle Mal Schluss sein, sobald Sie den für Bad Girls typischen Gang beherrschen. Sie werden ihn sicher lernen, aber vor dem Vergnügen kommt die Arbeit. Sie müssen tapfer genug sein, um sich mit der Wahrheit Ihrer momentanen Situation auseinander zu setzen. Schnappen Sie sich also eine Videokamera und einen guten Freund und *gehen* Sie!

# ÜBUNG 1

*Rauf auf den Laufsteg!*

Die Person hinter der Kamera spielt bei dieser Übung eine wichtige Rolle. Am besten wäre es, Sie hätten eine Freundin, die dieses Buch ebenfalls gerade liest und genau wie Sie mit dem Thema vertraut ist. Lange Rede, kurzer Sinn: Sie sollten eine liebenswerte Person für diese Übung gewinnen, die Sie in Ihrem Wunsch nach Veränderung und Reife unterstützt. Es kann eine Freundin sein, ein platonischer Freund, Ihr Ehemann oder auch Ihr Geliebter.

Stellen Sie von vornherein klar, dass Sie weder einen Regisseur noch einen Trainer brauchen. Auch wenn Sie später möglicherweise für einige konstruktive Vorschläge dankbar sind, benötigen Sie im Moment lediglich ein menschliches Stativ. Jetzt wollen Sie nur beim Gehen, Sitzen und Stehen möglichst natürlich gefilmt werden.

Achten Sie dabei bitte auf folgende Dinge:

- Bei dieser Übung werden Sie auf zwei unterschiedliche Arten gehen – zunächst werden Sie ganz locker und gelöst schlendern, während Ihr Kameramann alles aufzeichnet. Sonst nichts. Je nach Jahreszeit führen Sie diese Übung entweder in einem großen Einkaufszentrum durch (die Schaufenster sind eine willkommene Ablenkung und verhindern, dass Ihnen die ganze Sache zu peinlich ist), oder – wenn das Wetter mitspielt – in einem nahe gelegenen Park.
- Ihr Kameramann sollte mindestens 10 oder 15 Meter von Ihnen entfernt sein.
- *Vergessen Sie die Kamera!* Versuchen Sie, an alles Mögliche zu denken, nur nicht an die Kamera und Ihren Gang. Versuchen Sie, möglichst nicht in die Kamera zu schauen. Sehen Sie sich die Schaufenster an, oder – wenn Sie die Übung im Freien durchführen – betrachten Sie die Landschaft.
- Nachdem Sie einige Minuten lang gegangen sind, setzen Sie sich hin. Legen Sie einige Male abwechselnd ein Bein über das andere. Lassen Sie das Band weiterhin laufen.

- Stehen Sie nun auf. Ihr Kameramann soll Sie jetzt von hinten aufnehmen, während Sie sich von ihm oder ihr wegbewegen.
- Dann drehen Sie um und gehen *schnell* auf die Kamera zu, als würde Ihre Parkuhr jeden Augenblick ablaufen. Schlendern Sie nicht. Gehen Sie zielstrebig.
- Auch bei dieser Geschwindigkeit sollten Sie von hinten gefilmt werden.

*Das Anschauen der Aufnahme*

**Erster Durchgang:** Schauen Sie die eben gemachte Aufnahme in normaler Geschwindigkeit an. Beantworten Sie im Anschluss folgende Fragen:

- Welchen Gesamteindruck haben Sie von Ihrem Gang? Wirken Sie ferngesteuert? Wackelig auf den Beinen? Würde man sich trauen, Sie anzusprechen? Wirken Sie abschreckend? Gefällt Ihr Gang Ihnen persönlich? Wenn Ihnen Ihre eigene Art zu gehen nicht gefällt, ist das ein sicheres Zeichen dafür, dass Sie auch niemand anderen damit ansprechen.
- Welches Körperteil prägt Ihren Gang? Um festzustellen, welches Körperteil Ihren Gang prägt, beobachten Sie, welcher Teil Ihres Körpers den Eindruck erweckt, er werde von einer unsichtbaren Schnur gezogen. Wenn zum Beispiel Ihr Kopf die Führung übernimmt, dann blicken Sie bis zu einem gewissen Grad nach unten. Wenn Ihre Schultern eine führende Rolle spielen, gehen Sie ein wenig vornübergebeugt. Sind es Ihre Knie, dann sieht es wahrscheinlich so aus, als ob Sie ein bisschen nach hinten gebeugt gehen. Führt Sie Ihr Bauch, dann ist Ihr Becken nach vorne geschoben, und Ihr Gang gleicht dem einer Ente. Wenn keines Ihrer Körperteile dominiert, liegt es vielleicht daran, dass die Dominanz nur unterschwellig existiert. Unter Umständen können Sie nicht gleich herausfinden, wo der Fehler liegt — oder Sie sind einer der wenigen Menschen, die einen neutralen Gang haben. Ich hatte schon immer eine Schwäche dafür, meiner Brust die Führung zu überlassen. »Brust-Gängerinnen« wie ich erwecken den Eindruck, sehr bestimmt und womöglich sogar aggressiv zu sein. Über das Thema Körpersprache reden wir aber später noch ausführlicher. Im Moment sollten Sie Ihre Beobachtungen mit Ihrem Kameramann oder Ihrer Kamerafrau austauschen, um mögliche Übereinstimmungen festzustellen.

74

- Wie verhält es sich mit Ihren Armen? Hängen sie steif an Ihrem Körper herab? Schwingt einer der beiden, während der andere ruhig am Körper anliegt? Verschränken Sie sie vor Ihrer Brust? Arme spielen beim Gehen eine wichtige Rolle, die meist unterschätzt wird. Wie sieht es mit Ihren Armen aus?

- Wie sehen Sie beim Gehen von hinten aus? Sie hatten bereits Gelegenheit, sich von vorne zu beobachten, als Sie auf Ihren Kameramann zugingen. Wie aber sehen Sie von hinten aus? Wie liegt Ihr Haar? Sitzt es richtig? Ist Ihr Pullover gleichmäßig heruntergezogen? Sehen Ihre Ellbogen von hinten aus wie Hühnerflügel? Diese Fragen hören sich vielleicht ein wenig albern an, aber ein schlechter Eindruck von hinten hat den gleichen Effekt, als klebte Ihnen Toilettenpapier am Schuh: Jeder sieht es, aber keiner traut sich etwas zu sagen. Achten Sie ab jetzt darauf, dass Sie auch Ihre Rückseite täglich im Spiegel betrachten.

- Was passiert beim schnellen Gehen? Ich würde mein gesamtes Geld darauf verwetten, dass sich viele von Ihnen beim schnellen Gehen wohler fühlen. Das ist umso wahrscheinlicher, wenn Sie zu den stillen Wassern zählen. Obwohl man eigentlich vom Gegenteil ausgehen könnte, wirkt man durch schnelles Gehen unauffälliger. Frauen, die nur ungern gesehen werden – also mit Ihrer Sexualität nicht im Einklang sind, und in Bezug auf Tempo und Rhythmus ihrer Sinnlichkeit im wahrsten Sinne des Wortes aus dem Tritt sind – neigen zu einem hastigen Gang. Jeder von uns hat manchmal Grund zur Eile, aber kein Bad Girl lässt das zur Gewohnheit werden. Was fällt Ihnen sonst noch an sich auf? Verändert sich Ihr Gang, wenn Sie sich beeilen? Sind Sie vornübergebeugt wie ein Angreifer beim Sturm? Wenn ja, ist das nicht schon Grund genug, damit aufzuhören?

- Fallen Ihnen häufige Gesten oder Ticks auf? Streichen Sie sich ständig die Haare hinter die Ohren, beißen Sie sich auf die Unterlippe, fummeln Sie dauernd an Ihrer Nagelhaut herum oder stellen Sie irgendwelche seltsamen Dinge mit Ihrer Nase, Ihrem Mund, Ihren Augen oder Haaren an? Beim normalen Abspielen des Videobandes fällt Ihnen womöglich nichts dergleichen auf. Ticks sind oft so eingeschliffen, dass sie uns selbst nicht mehr auffallen. Wenn Ihnen nicht gleich etwas ins Auge sticht, ist das in Ordnung. Vielleicht haben Sie ja keine seltsamen Angewohnheiten, oder Sie erkennen sie erst beim zweiten Durchgang.

**Zweiter Durchgang:** Ich weiß, das hört sich jetzt ein wenig komisch an. Aber diesmal hätte ich gerne, dass Sie sich die Aufnahme im Schnelldurchlauf und ohne Ton ansehen – wenn nötig auch mehrmals. Konzentrieren Sie sich dabei auf folgende Gesichtspunkte:

- Können Sie jetzt besser erkennen, welcher Körperteil Ihren Gang am meisten prägt? Bei erhöhter Geschwindigkeit wird manches deutlicher, nicht wahr?
- Welche häufigen Bewegungen oder Gesten fallen Ihnen diesmal auf?
- Sticht Ihnen nun etwas ins Auge, das vorher nicht zu erkennen war, oder werden Ihre kleinen Eigenheiten einfach nur viel auffälliger? Können Sie sich vorstellen, wie oft Sie eben diese Gesten in einer Stunde, an einem Tag oder während einer *Verabredung* machen?
- Welche Wirkung erzeugen diese Bewegungen?

Das ist ganz entscheidend. Wirkt die Geste störend? Kindisch? Nervig? Oder alles auf einmal? Lassen Sie mich das an einigen Beispielen erläutern:

### Störend:
Dauerndes Herumspielen an den Haaren oder dem Gesicht; häufiges Kratzen von Arm oder Hals; an sich selbst herumzupfen; ständiges Zurückwerfen der Haare.

### Nervig:
Kaugummi kauen oder damit kleine Blasen machen; beim Gehen die Hand in die Hüfte stemmen; die Füße nicht richtig anheben.

### Kindisch:
Etwas, das kleine Kinder tun, wenn sie glauben, nicht beobachtet zu werden – ein besonders häufiges Phänomen ist Wickeln von Haarsträhnen um den Zeigefinger. Diese Angewohnheit kann ich schätzungsweise bei mindestens einer oder zwei Teilnehmerinnen pro Kurs beobachten. Jedes Semester fallen mir am ersten Kurstag solche Schülerinnen auf. Sie geben sich große Mühe mit ihrer äußeren Erscheinung, fangen aber auf einmal an, sich eine Haarsträhne um den Zeigefinger zu wickeln und sie einzudrehen. Gong! Sie haben sich gerade selbst disqualifiziert, was das Erwachsensein anbelangt. Eine solche Gewohnheit ist ein eindeutiges Zeichen dafür, dass die betroffe-

nen Frauen noch überhaupt keine Frauen sind. Zumindest in diesem Moment sind sie noch richtige Mädchen.

Das Komische ist, dass jeder dieser kleinen Ticks und jede dieser Gesten zum richtigen Zeitpunkt auch sexy und reizvoll sein können – wenn sie nicht zur Gewohnheit werden. Sich im Gespräch mit einem Mann selbst zu berühren, kann sehr sinnlich wirken. (Das gilt sogar für das Zwirbeln von Haarsträhnen!) Der Trick ist, diese Gesten nicht zu oft auszuführen und nur in vollem Bewusstsein ihrer Wirkung. So wie ein Hauch von Parfüm betörend ist, zu viel jedoch Übelkeit erregen kann, verhält es sich mit diesen Angewohnheiten. Wohl dosiert ist erotisch, zu viel des Guten wirkt neurotisch! Lenken Sie seine Aufmerksamkeit doch auf das Wesentliche – nämlich auf Sie!

## Verrät Ihr Gang Geheimnisse?

Jeder Gang enthält eine Botschaft. Wie ich bereits erwähnt habe, neige ich dazu, meinen Oberkörper beim Gehen nach vorne zu schieben. Das hat zur Folge, dass ich aggressiver und weniger weiblich wirke, als mir lieb ist. Welche Botschaft sendet Ihr Gang? Sehen wir uns einmal die unterschiedlichen Gangarten und ihre Botschaften an.

**Wenn der Kopf dominiert:** Wenn Ihr Kopf beim Gehen die Führung übernimmt, richtet sich Ihr Blick automatisch nach unten. Wenn Sie aber nach unten schauen, ist Blickkontakt kaum möglich. Und wenn Sie jemandem nicht in die Augen sehen können, kann kein persönlicher Kontakt entstehen. Frauen, die unbewusst den Blick ständig auf ihre Füße richten, sagen: »Komm mir nicht zu nahe! Sieh mich nicht an! Fass mich bloß nicht an!«. Ob Sie es wollen oder nicht, durch diesen Gang schotten Sie sich von Ihrer Umwelt ab und signalisieren den Menschen, auf Distanz zu bleiben. Wahrscheinlich gehen Sie dabei auch noch relativ zügig und verstärken so diese Botschaft.

**Wenn die Knie dominieren:** Im Extremfall sehen »Knie-Gänger« so aus, als hätten sie Schieflage. Wenn Ihr Kopf der letzte Teil Ihres Körpers ist, der den Raum betritt, dann wirkt es, als seien Sie schlaff, widerwillig und apathisch. Ich nehme an, dass ein solcher Eindruck wohl nie beabsichtigt ist. Wenn Sie zu den »Knie-Gängerinnen« gehören, gehen Sie im Vergleich zu anderen wahrscheinlich noch um einiges langsamer. Zu langsam. Im Schneckentempo.

**Wenn die Schultern dominieren:** Wenn Ihre Schultern den Ton angeben, gehen Sie wie in einer Art Schildkrötenpanzer. Sie wirken schüchtern und ängstlich. Obwohl (oder gerade weil) es so aussieht, als versuchten Sie, sich selbst zu schützen, ziehen Sie wahrscheinlich Menschen an, die Sie ausnutzen oder unterdrücken.

**Wenn der Bauch dominiert:** Abgesehen von der Tatsache, dass Sie Daisy Duck verdächtig ähnlich sehen, hat diese Gangart noch einige andere Nebenwirkungen: Höchstwahrscheinlich schlurfen Sie, und ich wette, dass entweder Ihre rechte oder linke Hand dabei am Körper herunterhängt. So gehen Kleinkinder, die gerade erst das Laufen gelernt haben. Es ist ein sehr kindischer Gang, der signalisiert, dass Sie nicht ernst zu nehmen und harmlos sind – leicht aus der Bahn zu werfen (beinahe wörtlich, denn Ihr Gleichgewichtszentrum ist bei diesem Gang völlig aus dem Lot).

**Wenn der Oberkörper dominiert:** Sie wissen bereits, dass ich selbst zu dieser Gruppe gehöre, wenn ich meinem Bad Girl keinen Raum lasse. Es ist eine Art Macho-Schlendern, das ich an Männern sehr unattraktiv finde. Sie können sich demnach vorstellen, wie mir dieser Gang an Frauen gefällt (mich selbst natürlich eingeschlossen!). Es ist keine Gangart, die andere Menschen – sowohl Männer als auch Frauen – einlädt, Ihnen näher zu kommen. Sie vermitteln den Eindruck, ein ausgeprägtes Konkurrenzdenken und eine gehörige Portion Eigensinn zu haben. Leute, die mit dem Oberkörper voran gehen, haben es meist nicht eilig; aber auch ihre Mitmenschen haben es nicht gerade eilig, auf sie zuzugehen, denn dieser Gang ist für neue Freundschaften nicht gerade förderlich.

Jetzt kennen Sie die geläufigsten Gangarten und den dadurch unterschwellig vermittelten Eindruck. Bis zu einem gewissen Grad gehören Sie wahrscheinlich der ein oder anderen Gruppe an oder kombinieren einige der Elemente und kreieren etwas völlig Neues! Nur ist keine der genannten Gangarten die eines Bad Girls. Zum Glück können Sie jedoch Ihre Art zu gehen mit ein wenig Zeit, Fleiß und Übung verändern. Sind Sie bereit für den Abschied von Ihrem alten, glanzlosen Gang? Dann lesen Sie weiter!

## Hurra, Sie haben den Dreh heraus!

Die meisten Frauen erinnern sich sicher an die Stelle in *My Fair Lady*, als Professor Higgins von der armen Eliza Doolittle verlangt, mit einem Stapel Bücher auf dem Kopf umherzugehen, um ihr die richtige Haltung beizubringen. Ich kenne einen schnelleren, einfacheren und effektiveren Weg, Ihre Haltung zu korrigieren und Ihre Kraft und Aufmerksamkeit zu steuern. Erinnern Sie sich an die Technik, mit der Sie herausgefunden haben, welcher Körperteil bei Ihrem Gang die Hauptrolle spielt? Sie suchten nach dem Körperteil, der scheinbar von einer unsichtbaren Schnur gezogen wird. Wissen Sie, welcher Teil beim Gang eines Bad Girls die Führung übernimmt? Dreimal dürfen Sie raten. Weiter unten ... noch weiter unten ... jetzt haben Sie's! Das Becken!

Bad Girls überlassen beim Gehen ihrem Becken die Führung. Das macht Sinn, nicht wahr? Ich meine, worauf sonst sollte sich die Aufmerksamkeit eines Bad Girls richten?

Nun wissen Sie, von welchem Körperteil Sie sich führen lassen sollen, aber noch nicht, wie das geht. Wenn Sie nicht bauchtanzen, sind Sie es wahrscheinlich nicht gewöhnt, Ihre Beckenmuskulatur zu trainieren. Ein gelenkiges und gut ausgebildetes Becken ist die Voraussetzung für den Gang der Bad Girls; außerdem kann es sich auch bei einigen anderen Aktivitäten als nützlich erweisen. Na, ist der Groschen gefallen? Aber eins nach dem anderen.

Wenn es Ihnen so geht wie den meisten Frauen über achtzehn, dann ist Ihr Becken wahrscheinlich eins mit dem unteren Teil Ihres Rückens. Eigentlich ist das Becken ein eigenständiger Körperteil. Da es mit Ihrer Wirbelsäule nur durch Gewebe und Muskeln und nicht durch Knochen verbunden ist, kann man seine Muskulatur dehnen und kräftigen. Ein dehnbares und starkes Becken ist etwas Wunderbares!

Hier sind ein paar einfache und wirkungsvolle Übungen für jeden Tag, damit Sie ein Gefühl für Ihr Becken bekommen und es gleichzeitig kräftigen und trainieren.

## ÜBUNG 2

### Anheben ...

1. Nehmen Sie ein Handtuch oder eine Matte als Unterlage. Legen Sie sich flach auf den Rücken. Atmen Sie tief durch die Nase ein. Fühlen Sie, wie sich Ihre Bauchdecke durch die einströmende Luft hebt. Entspannen Sie Ihre Muskeln. Atmen Sie durch den Mund aus. Wiederholen Sie diese Prozedur einige Male.
2. Legen Sie die Arme mit den Handflächen nach unten neben Ihren Körper.
3. Ziehen Sie Ihre Füße so weit an Ihr Gesäß heran, bis sie – von der Seite betrachtet – wie ein umgedrehtes »V« aussehen.
4. Atmen Sie noch einmal ein. Beim Ausatmen heben Sie Ihr Becken mit Hilfe Ihrer Bauch-, Oberschenkel- und Gesäßmuskulatur an. Dadurch wird

sich Ihr Po ein wenig vom Boden lösen, wobei der untere Teil Ihres Rückens weiterhin den Boden berühren sollte.

5. Senken Sie nun langsam Ihr Becken, bis es wieder den Boden berührt.
6. Heben und senken Sie Ihr Becken zehn Mal.

## ÜBUNG 3

*Halten ...*

1. Legen Sie sich entspannt auf den Boden. Bringen Sie Ihre Beine wie im ersten Übungsteil in V-Position.
2. Spannen Sie Ihre Bauchmuskeln an. Atmen Sie tief ein. Beim Ausatmen heben Sie Ihr Becken und den unteren Teil Ihres Rückens mit Hilfe der Oberschenkel- und Pomuskulatur vom Boden ab, als würde es von einer Schnur an die Decke gezogen.
3. Zählen Sie bis zwei und senken Sie Ihr Becken wieder.
4. Wiederholen Sie diese Übung zehn Mal. Beim zehnten Mal halten Sie Ihr Becken so lange in der Luft, bis Sie bis fünf gezählt haben. Dann erst senken Sie Ihr Becken. Machen Sie die ganze Übung ein zweites Mal.

*Rock 'n' Roll*

Für die nächste Übung benötigen Sie einen dieser aufblasbaren Sitzbälle, die sich wachsender Beliebtheit erfreuen. Sie sind günstig, effektiv und ersetzen ein ganzes Fitnessstudio, und Sie erhalten sie in jedem Sportgeschäft oder im Internet. Ich habe das Wort »Sitzball« in meine Lieblingssuchmaschine eingegeben und gleich eine Reihe von Adressen erhalten, die diese Bälle im Angebot haben. Eine Webseite, *www.sitzball-shop.de,* bot hervorragende Preise und eine große Auswahl. Die Bälle gibt es in unterschiedlichen Größen (je nach Körpergröße). Achten Sie also darauf, einen für Sie passenden Ball zu kaufen.

Weiterhin brauchen Sie noch eine kleine Pumpe (wenn Sie nicht das Glück haben, an einen bereits aufgeblasenen Ball zu kommen), um das Ding erst einmal mit Luft zu füllen. Auf der bereits genannten Internetseite konnte ich auch eine günstige Pumpe bestellen. Wenn der Ball aufgeblasen ist und Sie auf ihm sitzen, sollten Sie nicht das Gefühl haben, in ihm zu versinken, allerdings darf er auch nicht so hart sein, dass Sie Angst haben müssen, er könnte platzen. Irgendwo dazwischen liegt die richtige Härte.

## ÜBUNG 4

### Schieben ...

1. Setzen Sie sich gerade auf Ihren Ball. Ihre Füße stehen dabei fest auf dem Boden vor Ihnen – ungefähr 30 cm – auseinander.
2. Legen Sie die Hände auf die Knie.
3. Spannen Sie Ihre Unterleibsmuskulatur an und schieben Sie langsam das Becken nach vorne. Füße und Beine sollten dabei ihre Position beibehalten. Gleiches gilt für Oberkörper und Schultern. Die Bewegung des Beckens muss nicht unbedingt groß sein. Es genügt völlig, das Becken ein wenig nach vorne zu schieben. Bleiben Sie einen Moment lang in dieser Position.
4. Schieben Sie Ihr Becken wieder zurück in die Mitte.
5. Jetzt müssen Sie Ihr Becken nach hinten schieben. Achten Sie dabei auf Ihre Unterleibsmuskulatur. Man neigt dazu, dabei diese Muskeln zu entspannen. Spannen Sie diese jedoch fest an, während Sie Ihr Becken nach hinten schieben.
6. Kommen Sie wieder zurück zur Mitte. Wiederholen Sie diese Übung zehn Mal.

### Die Seitwärtsbewegung

1. Setzen Sie sich aufrecht hin, spannen Sie Ihre Bauchmuskeln an und legen Sie die Hände locker auf die Knie. Rollen Sie den Ball nun mit Ihrem Becken von einer Seite zur anderen. Denken Sie daran, Ihren Körper

möglichst ruhig zu halten. Ihr Becken sollte die Arbeit am besten ohne Zuhilfenahme Ihrer Beine oder Schultern machen. Ein paar Zentimeter sind vollkommen ausreichend.

2. Sie können entweder eine kleine Pause einlegen, wenn Sie mittig auf dem Ball sitzen oder auf der linken und rechten Seite pausieren, wenn Ihnen das angenehmer erscheint.

3. Wiederholen Sie diese Übung zehn Mal.

*Die Kreisbewegung*

1. Setzen Sie sich gerade auf Ihren Ball, die Hände auf den Knien, Bauchmuskeln angespannt, Füße in einem Abstand von 30 cm fest auf dem Boden.

2. Beginnen Sie die Übung, indem Sie Ihr Becken nach vorne schieben. Bewegen Sie es nun *langsam* in einem kleinen Bogen nach rechts. Atmen nicht vergessen! Folgendes Bild wird Ihnen die Durchführung der Übung erleichtern: Stellen Sie sich vor, Sie haben einen Pinsel zwischen den Pobacken und malen damit Kreise (ziemlich sonderbare, aber hilfreiche Vorstellung).

3. Führen Sie diese Übung zehn Mal im Uhrzeigersinn durch. Anschließend entspannen Sie sich, lassen die Muskeln locker und atmen tief durch.

4. Wiederholen Sie diese Übung zehn Mal in die andere Richtung, also gegen den Uhrzeigersinn.

5. Halten Sie Ihren Oberkörper still und spannen Sie die Bauchmuskeln an. Erinnern Sie sich an den Pinsel und denken Sie an Ihre Atmung.

## Welch ein Hüftschwung!

Es gibt noch eine andere Art, um Ihr Becken zu trainieren: den guten alten Hula-Hoop-Reifen. Ich bevorzuge jedoch den Sitzball, denn damit können Sie die Übungen über eine längere Zeitspanne durchführen, und die Gefahr einer Muskelüberdehnung ist weitaus geringer.

Aber als Ergänzung ist der Hula-Hoop-Reifen ein wahres Vergnügen!

Die Übungen mit dem Ball können Sie beim Fernsehen oder am Computer machen. Schon mit fünfzehn Minuten täglichem Training werden Sie sehr bald eine Steigerung Ihrer Fitness feststellen können. Trainieren Sie also regelmäßig und gewissenhaft, denn schließlich sind schwingende Hüften für Bad Girls ein absolutes Muss!

Wo wir gerade vom Hüftschwung reden, möchte ich Ihnen eine kleine persönliche Begebenheit schildern, auf die ich eigentlich ziemlich stolz bin. Hoffentlich werden Sie dadurch zusätzlich motiviert, die Übungen genauso ernst zu nehmen wie ich und sie zu einem täglichen Bestandteil Ihres Lebens zu machen.

Während meiner Anfänge als Dozentin – ich unterstand damals noch einem Berater der Universität – stellte eben dieser Kollege (heute ist er ein sehr renommierter Experte auf dem Gebiet der nonverbalen Kommunikation) seinen Studenten einmal folgende überaus aufschlussreiche Aufgabe: Sie sollten den Universitätsdozenten benennen, der ihrer Meinung nach über die beste Körpersprache verfügte. Ich kann nicht gerade behaupten, meine Konkurrenten seien besonders »starr« gewesen. Wie auch immer, ich fühlte mich sehr geschmeichelt, als die Mehrheit mich als diejenige mit der besten Körpersprache wählte. Als man sie um eine genauere Begründung bat, antworteten viele Studenten – auch die weiblichen –, es läge an meinem Hüftschwung! Es ist immer wieder überraschend, was man an der Universität alles lernt.

## Gehen kann sexy sein

Ihr Becken zu neuem Leben zu erwecken, ist der erste Schritt in die richtige Richtung: Sie wollen Ihren Gang für immer verändern. Im zweiten Schritt lernen Sie, wie Sie dieses wiederbelebte Becken einsetzen können, um einen sexy Gang zu bekommen. Ein interessantes Konzept, nicht wahr? In diesem Kapitel habe ich bereits kurz davon gesprochen, dass man um so unauffälliger wirkt, je schneller man geht. Damit wissen Sie also schon, dass ein zu schneller Gang nicht sexy ist. Aber was ist das richtige Tempo? Bevor ich Ihnen eine Antwort auf diese Frage gebe, werden wir noch einen kleinen Geschwindigkeits-test durchführen.

Wenn Sie so schnell gehen, dass Sie stolpern würden, stellte Ihnen jemand ein Bein, dann sind Sie viel zu schnell. Wenn Sie so schnell gehen, dass Sie nicht einmal merken, wie Ihre Absätze den Boden berühren, dann sind Sie viel zu schnell. Wenn Sie schon an den nächsten Schritt denken, bevor Sie den vorherigen überhaupt zu Ende geführt haben, dann sind Sie viel zu schnell. Wenn Sie jedoch so langsam gehen, dass Sie immer einige Schritte hinter Ihrem Partner, Freund oder Ihrer Schildkröte zurückliegen, dann sind Sie eindeutig zu langsam. Wenn Sie so langsam gehen, dass Sie das Gefühl haben, kein Ziel zu verfolgen, dann sind Sie zu langsam. Wenn Sie so langsam gehen, dass Ihnen die Kraft dabei ausgeht, dann sind Sie zu langsam. Wenn Sie beim Gehen einschlafen, dann sind Sie viel zu langsam.

*Man sollte sich ein Bild von Ihnen machen können*
Um es auf den Punkt zu bringen: Es spielt keine Rolle, wie sehr Sie Ihr Becken unter Kontrolle haben, wenn Sie Ihr »Gaspe-dal« nicht beherrschen. So wie beim Fliegen ein lauter Knall entsteht, wenn die Schallgeschwindigkeit überschritten wird oder die plötzliche Ausdehnung der Luftmassen nach einem Blitz den Donner hervorruft, so entlädt sich eine kleine »Sex-Explosion«, wenn Sie die richtige Geschwindigkeit für Ihren Gang gewählt haben.

Sie haben bestimmt schon von Pheromonen gehört. Das sind natürliche chemische Körperdüfte, die Frauen und Män-ner produzieren, mitunter um das andere Geschlecht anzuzie-hen. Nun, Ihr Gang kann sowohl diese »chemische Anzie-hungskraft« verstärken als auch Ihr Gesamtbild als Bad Girl verbessern.

Sicher können Sie sich vorstellen, dass kein sterblicher Mann Ihre Spur aufnehmen oder gar mit Ihnen Schritt halten kann, wenn Sie mit Überschallgeschwindigkeit an ihm vorbeirauschen. Ein Mann braucht Zeit, um sich ein Bild von Ihnen machen zu können – um überhaupt entscheiden zu können, ob er sich von Ihnen angezogen fühlt oder nicht. Wenn Sie an ihm vorbeirasen, bleiben Sie nichts weiter als eine schemenhafte Figur ohne bestimmte Formen, Besonderheiten oder sinnliche Eigenschaften. Wenn Sie zu schnell gehen, signalisieren Sie, dass Sie zu beschäftigt sind für Unterbrechungen jeglicher Art. Es bleibt einfach zu wenig Zeit für den ersten Eindruck, der einen Mann in sexueller Hinsicht Witterung aufnehmen lässt.

Und warum ist *langsam* dann falsch? Wenn schnell schlecht ist, warum ist langsam dann nicht gut? Auf alle Fälle hätte ein Mann auf diese Weise ausreichend Zeit, sich ein Bild von Ihnen zu machen. Das stimmt. Das Problem an *langsam* ist folgendes: zu langsam ist auch nicht verführerisch.

Ein zu langsamer Gang erweckt den Eindruck von Ziellosigkeit, Unbestimmtheit, Schlaffheit und Planlosigkeit. Ein Bad Girl verfolgt aber immer eine gewisse Absicht. Sie weiß, wo sie hin will. Sie schießt nicht vorbei wie eine Fledermaus, aber schlendert auch nicht wie benebelt durch die Gegend. Wenn zu schnelles Gehen bedeutet: »Lass mich in Ruhe, ich habe zu tun!«, dann heißt ein zu langsamer Gang: »Herzlich willkommen. Ich gehöre ganz dir.« Das beeindruckt höchstens Männer, die auf eine schnelle Nummer aus sind – aber das ist nicht in Ihrem Sinn, oder?

Welches Tempo zeigt Ihr innerer Tachometer an einem ganz normalen Tag an? Leben Sie auf der Überholspur? Oder auf der Standspur? Aus Erfahrung weiß ich, dass Sie Ihr Gang verrät.

*Wenn Sie zu schnell gehen, ist es gut möglich, dass Sie ...*
- so schnell fahren, dass Sie mittlerweile Ihre Gästetoilette mit Strafzetteln tapezieren können.

- so schnell reden, dass man meint, Sie sprächen eine Fremdsprache.
- so schnell essen, dass Sie schon zur Frühstückszeit beim Mittagessen sitzen.

*Wenn Sie zu langsam gehen, ist es wahrscheinlich, dass Sie ...*
- all Ihre Freunde von hinten erkennen können.
- so langsam sprechen, dass andere Leute die Sätze für Sie zu Ende führen.
- so langsam essen, dass Sie gerade mit dem Salat fertig sind, während sich alle anderen bereits auf den Weg zum Parkplatz machen!

Das ist natürlich nicht ganz ernst gemeint – aber es soll Ihnen Gelegenheit geben, einen Moment innezuhalten und einen unvoreingenommenen Blick auf sich und Ihre Gehgeschwindigkeit zu werfen. Ich möchte, dass Sie erkennen, wie ein falsches Tempo sich unter Umständen auf die verschiedensten Bereiche Ihres Lebens auswirkt – Bereiche, denen Sie vielleicht gar keine Aufmerksamkeit schenken. Fallen Ihnen einige Bereiche ein, in denen Ihre persönliche Geschwindigkeit negative Auswirkungen hat?

Ein Bad Girl hat ihr Tempo nicht nur beim Gehen unter Kontrolle, sondern auch in Bezug auf ihr ganzes Leben. Damit ihr das gelingt, muss sie ganz bewusst darauf achten, immer mit ihrem Körper in Einklang zu sein – mit allen Körperteilen, nicht nur mit einem bestimmten. Auf diese Weise kann sie sich auf das Wesentliche konzentrieren: auf das Zentrum ihrer Sexualität, ihr Innerstes, ihren wahren Kern. Es beginnt beim Gehen, weitet sich aber auf ihr ganzes Leben aus, der *Gang* ist nur der Anfang. Es wird Zeit, dass auch Sie diesen Anfang meistern.

Sie haben Ihre Arbeit getan, nun kommt die Belohnung. Bei der folgenden Übung werde ich Ihnen zeigen, wie Sie Ihren Gang für immer verändern können. Indem Sie einfach Ihre Aufmerksamkeit etwas verlagern, wird aus einer langweiligen Bewegung von A nach B ein Ereignis von Schönheit, wird Bewegung zu Poesie. Ein einzigartiges Markenzeichen Ihrer Persönlichkeit als Bad Girl!

Da Sie Ihr Becken mittlerweile unter Kontrolle haben und Ihr Gang auf die richtige Geschwindigkeit eingestellt ist, verfügen Sie bereits über die wichtigsten Zutaten für Ihren Bad-Girl-Gang. Jetzt müssen diese Zutaten nur noch in ein köstliches Gericht verwandelt werden! Wenn Sie bereit sind zu lernen, wie es sich auf der verwegenen Seite des Lebens geht, lesen Sie weiter!

## ÜBUNG 5

### Der Gang der Gänge

Wenn Ihr »Kameramann« oder Ihre »Kamerafrau« noch zur Verfügung steht, sollten Sie diese Übung zu Vergleichszwecken aufzeichnen. Sie werden von der Veränderung begeistert sein!

1. Stellen Sie sich hin und lassen Sie die Arme entspannt seitlich am Körper herunterhängen. Atmen Sie tief in den Brustkorb ein. Lockern Sie Kopf und Hals, indem Sie Ihren Kopf einige Male kreisen lassen. Lösen Sie alle Spannungen in Ihren Gelenken, indem Sie sie kräftig ausschütteln.
2. Gehen Sie los.
3. Stellen Sie sich vor, Sie würden von einer Schnur gezogen, die in Ihrer Beckengegend befestigt ist.
4. Richten Sie beim Gehen alle Aufmerksamkeit auf Ihr Becken. Spannen Sie dabei den Bauch ein wenig an.
5. Indem Sie Ihre Aufmerksamkeit auf den unteren Teil Ihres Oberkörpers richten, finden Sie zu einer merklich angenehmeren Schrittgeschwindigkeit. Nicht zu schnell und nicht zu langsam.

Genau richtig. Das ist die richtige Geschwindigkeit für einen Gang, der vor Sexappeal nur so strotzt.

Sie erreichen das richtige Tempo, indem Sie beim Gehen, Sitzen und Stehen sowohl die *mentale* als auch die *physische* Aufmerksamkeit auf die Beckengegend lenken. Ich kenne keine Frau, bei der diese Zweierkombination keine beeindruckende Wirkung auf ihr Aussehen hervorruft. Üben Sie, auf einem Stuhl oder einem Sofa zu sitzen und sich dabei auf Ihr Becken zu konzentrieren. Sie werden feststellen, dass Sie nicht nur anders sitzen, sondern auch anders stehen. Merken Sie, wie sich Ihre Wirbelsäule angleicht und Ihre Arme in einem natürlichen Rhythmus schwingen? Fällt Ihnen auf, wie Ihre Hüften sich auf einmal wunderschön hin und her bewegen? Spüren Sie, wie unglaublich sexy dieser Gang ist? Es ist gar nicht mehr möglich, gebückt zu gehen oder in die alte Schrittgeschwindigkeit zurückzufallen, wenn Sie bewusst daran denken, sich von Ihrem Becken führen zu lassen. Sie üben sich darin, Ihre Aufmerksamkeit auf andere Dinge zu lenken – eine Fähigkeit, die wir im Laufe des nächsten Kapitels noch genauer erkunden, ausbauen und weiterentwickeln werden.

Wenn Ihre Aufmerksamkeit beim Gehen, Stehen und Sitzen auf Ihr Becken gerichtet ist, entsteht ein weiterer enormer Vorteil: Sie sind ständig sowohl psychisch als auch physisch mit Ihrer Sexualität in Kontakt. Vielleicht stellen Sie sich die Schnur, die an Ihrem Becken zieht, sogar als eine Art unsichtbare Verbindungsschnur zu Ihrer Sexualität vor. Dieser Gedanke wird ein kleines eindeutiges Lächeln auf Ihr Gesicht zaubern.

Da diese Art zu gehen ein unglaublich gutes Gefühl hervorruft, wird sie für Sie bald zu einer Selbstverständlichkeit werden. Wenn Ihre Freunde, Familienmitglieder oder Kollegen Sie auf Ihren veränderten Gang ansprechen (und sie werden es mit Sicherheit bemerken), sagen Sie einfach, Sie hätten trainiert – was ja auch stimmt. *Wie* Sie trainiert haben, geht niemanden an – schon gar nicht Ihren Traummann (der – ohne zu wissen warum – plötzlich ganz wild auf Sie ist). Es ist Ihr kleines Geheimnis. Wenn Sie gerade den Gang der Gänge gehen, dann hat dieses kleine Geheimnis seine Wirkung schon erzielt.

# Bad Girls geben den Ton an

Jenna leidet wie viele Good Girls an einem besonderen Problem: In ihren Gedanken ist Sex wild und ungehemmt, aber sie bringt die entsprechenden Worte ihrem Liebhaber gegenüber einfach nicht über die Lippen. Jenna findet schon den Satz »Ich möchte mit dir schlafen« anrüchig und verwegen. Bei dem Wort »Penis« wird sie rot, und andere unanständige Ausdrücke sind für sie völlig tabu. Beim Sex stöhnt sie hin und wieder, aber ansonsten herrscht Totenstille. Good Girls verfügen nicht über das passende Vokabular, und deshalb bleiben ihnen heiße Abenteuer auf verbaler Ebene verwehrt. Good Girls vertreten in Sachen Sex die Auffassung »Schweigen ist Gold«, und wenn der eigentliche Akt beginnt, nehmen Sie es damit noch genauer. Bad Girls hingegen finden für Verführung und Sex die passenden Worte, die im richtigen Moment eine unglaubliche Hitze entfachen können. Selbst ihr Atem ist sexy. Außerdem achten sie darauf, die Stimmung nicht durch bloßes Geplauder zu ruinieren.

In diesem Kapitel werde ich Ihnen zeigen, wie Bad Girls mit interessanten Männern sprechen. Sie werden lernen, wann man redet und wann nicht, was man sagt und wie man es sagt. Und was am wichtigsten ist: Sie werden erfahren, welch ein gutes Gefühl es für Sie und Ihren Partner ist, auch in einer erotischen Stimmung miteinander reden zu können.

## Bad Girls nutzen das »S«-Wort zu ihrem Vorteil

Ich habe ein kleines Rätsel für Sie: Was ist das? Sie brauchen es täglich, denken nicht weiter darüber nach, würden es aber enorm vermissen, wäre es plötzlich weg. Kleiner Tipp: Das Wort beginnt mit »S«. Nein, nicht dieses »S«-Wort. Die richtige

Antwort lautet: Ihre Stimme. Sie fragen sich, was Ihre Stimme damit zu tun hat, ein Bad Girl zu sein? Absolut alles.

Lauren Bacall. Marilyn Monroe. Greta Garbo. Abgesehen davon, dass sie alle legendäre Sexsymbole sind, haben diese drei Filmdiven eine weitere Gemeinsamkeit: atemberaubend verführerische Stimmen. Es fällt mir in der Tat schwer, ein bekanntes Sexsymbol ohne erotische Stimme zu nennen. Alle drei Frauen waren auch tolle Sängerinnen, denn eine bewusste Atmung ist sowohl für eine kräftige Singstimme als auch eine verführerische Sprechstimme Voraussetzung.

Als die ersten Tonfilme produziert wurden, fürchteten viele Schauspielerinnen um ihre Karriere – zu Recht. Es zeigte sich, dass die Stimmen vieler Stummfilmstars nicht zu ihrer Rolle als Sexsymbol passten. Piepsstimmen, Kinderstimmchen, Reibeisenstimmen – auch traumhaft gutes Aussehen nützt nichts, wenn die Stimme zum Davonlaufen ist.

*Atemkontrolle*

Durch eine bewusste Atmung können Sie Ihre Stimme auf beeindruckende Weise verändern. Die meisten Menschen denken nicht einmal über Ihre Atmung nach, für sie ist es nichts weiter als ein physischer Automatismus. In Wahrheit aber können Sie mit etwas Wissen und ein wenig Übung Ihre Atmung trainieren und weitaus mehr aus Ihrer Stimme machen, als Sie es jetzt im täglichen Leben tun.

Bewusstes Atmen entspannt und spendet Kraft. Es ist schwierig, ein Bad Girl zu sein, wenn man sich unsicher, müde und ausgelaugt fühlt. Wenn Sie nicht richtig atmen, wird der Energiefluss in Ihrem Körper blockiert, und Nervosität wird durch falsche Atmung noch verstärkt. Bad Girls atmen richtig.

Ein Reh im blendenden Scheinwerferlicht, ein Kaninchen in Gefahr und eine Frau bei ihrer ersten Verabredung haben eines gemeinsam: Ihnen stockt der Atem. Nehmen wir einmal an, Sie werden von einem Mann zum Abendessen eingeladen, auf den Sie schon seit geraumer Zeit ein Auge geworfen haben. Sie sind ein wenig nervös. Wahrscheinlich atmen Sie kurz und flach – ein häufiges Symptom in Stresssituationen. Ihr Begleiter wird es wahrscheinlich nicht bewusst registrieren, aber auf irgendeine Weise wird es ihm auffallen. Sie hinterlassen bei ihm vielleicht den Eindruck, ängstlich, schreckhaft und nicht gerade unterhaltsam zu sein – keine gute Aussicht.

Durch bewusste und gleichmäßige Atmung beruhigen sich Ihre Nerven, Sie gewinnen verlorene Kraft zurück. Wenn Sie bewusstes Atmen mit den Techniken zur Beherrschung Ihrer Stimme verbinden, dann haben Sie den Schlüssel zum Geheimnis Ihrer eigenen unvergesslichen, verführerischen, erotischen Bad-Girl-Stimme.

## ÜBUNG 1

*Bewusstes Atmen*

1. Legen Sie sich auf den Rücken.
2. Atmen Sie durch den Mund aus und lassen Sie alle Luft aus Ihrer Lunge entweichen.
3. Stellen Sie sich beim Einatmen durch die Nase bildlich vor, wie sich Ihr Zwerchfell senkt (nicht hebt) und sich Ihre Lunge mit Luft füllt.
4. Fühlen Sie, wie sich Ihre Bauchdecke langsam hebt und sich der untere Teil der Lunge zu füllen beginnt.
5. Atmen Sie so lange ein, bis sich durch die Luft in Ihrer Lunge Ihr Schlüsselbein sachte anhebt.
6. Atmen Sie nun vollständig durch den Mund aus.
7. Wiederholen Sie diesen Vorgang einige Minuten lang.

Achten Sie bei dieser Übung auf Folgendes:
• Atmen Sie locker und entspannt; es besteht kein Grund zum Übereifer oder zur Hast.

- Unterdrücken Sie keines der dabei entstehenden Geräusche.
- Konzentrieren Sie sich vollkommen auf Ihre Atmung.
- Übung macht den Meister; diese neue Atemtechnik ist anfangs etwas ungewohnt, aber wenn Sie erst einmal gemerkt haben, wie gut sie Ihnen tut, werden Sie täglich üben wollen.

Im Laufe der Zeit gewöhnen Sie sich an das bewusste Atmen und müssen sich für diese Übung nicht mehr unbedingt hinlegen. Unser eigentliches Ziel ist es, diese bewusste Atmung vollkommen in Ihr Leben zu integrieren. Eine gesunde menschliche Lunge fasst über vier Liter Luft. Im Durchschnitt atmet man bei einem normalen Atemzug nur etwa einen halben Liter ein. Das sind nur zwölf Prozent des eigentlichen Fassungsvermögens. Durch bewusstes Atmen werden nicht nur Körper und Gehirn mit mehr Sauerstoff versorgt, sondern bekommt auch Ihre Stimme mehr Kraft und Ausdruck.

## Gebrauchen Sie Ihre Stimme für stimmige Botschaften

Zwar habe ich vorher schon einmal von ihr gesprochen, aber sie ist es wert, noch einmal erwähnt zu werden: Audrey Hepburn ist als Eliza Doolittle in *My Fair Lady* ein wunderbares Beispiel für die Bedeutung von Ausdrucksweise und Stimme. Als Professor Higgins Eliza Doolittle zum ersten Mal begegnet, ist sie ein Straßenmädchen mit passender Stimme: nasal, scharf und widerspenstig. Nach ihrer Verwandlung (»Es grünt so grün, wenn Spaniens Blüten blühen ...«) bezaubern Ihre neue Stimme und Ausdrucksweise in vielerlei Hinsicht noch mehr als ihr »neues« Aussehen.

Was wäre, wenn Mona Lisa plötzlich zum Leben erwachte und zu sprechen begänne? Jahrhundertelang wurde sie als eine der schönsten, geheimnisvollsten und sinnlichsten Frauen gefeiert, die je auf einer Leinwand zu sehen waren. Beim Betrachten der Mona Lisa stellt man sich automatisch eine sanfte, leise Stimme vor – sinnlich, zurückhaltend und anziehend, finden Sie nicht? Was glauben Sie, wie groß die allgemeine Enttäuschung wäre, hätte Mona Lisa eine Stimme wie Sophia aus der Serie *Golden Girls*. Ich sage das nur ungern, aber die Stimmen vieler Frauen erzeugen bei ihrem männlichen Publikum eine so genannte kognitive Dissonanz. Kognitive Dissonanz entsteht dann, wenn jemand etwas für wahr hält, das dann durch einen sichtbaren Beweis widerlegt wird.

Nehmen wir an, Sie kaufen gerade im Supermarkt ein. Während Sie Melonen auf ihre Reife hin prüfen, entdecken Sie plötzlich drüben beim Grünzeug einen atemberaubend attraktiven Mann. Alles an ihm ist einfach perfekt: Er ist elegant und modisch gekleidet. Sofort bekommen Sie Appetit auf Kopfsalat und manövrieren Ihren Einkaufswagen in die Nähe der zauberhaften Erscheinung im Armani-Anzug. Sie sind ihm schon ganz nah, als er sich plötzlich zu Ihnen umdreht und den Mund öffnet, als wolle er Sie ansprechen. Sie sind wie versteinert, können kaum mehr atmen! Aber anstatt zu sagen: »Mein Gott, Sie sind wunderschön. Wollen Sie heute Abend mit mir ausgehen?«, entfährt Ihrem Mr. Wonderful ein Rülpser, so tief und laut, dass die Petersilie in seiner Hand verwelkt. Genau dieses Gefühl – *das* ist kognitive Dissonanz.

Ein ohrenbetäubender Rülpser aus dem Mund eines gut aussehenden Mannes (vor allem in der Öffentlichkeit!) ist ein Widerspruch; wie würden Sie in der eben beschriebenen Situation reagieren? Würden Sie nicht auch auf dem Absatz kehrt machen und das Weite suchen? Ich wahrscheinlich schon.

Aber nun zurück zu Ihnen. Sie müssen nicht in aller Öffentlichkeit rülpsen, damit ein Mann das Interesse an Ihnen verliert (obwohl das mit Sicherheit eine Möglichkeit wäre). Vielleicht ist es Ihnen nicht bewusst, aber eine unpassende Stimme und Ausdrucksweise können der Grund dafür sein, dass sich Ihre Umwelt von Ihnen abwendet. Unter Umständen verbauen Sie sich dadurch auch berufliche Chancen. In Kapitel eins bis vier dieses Buches haben Sie die Geheimnisse der Bad Girls bezüglich Kleidung, Gang und Aussehen kennen gelernt. Zu einem vollkommen harmonischen Gesamtbild – einem wahren Bad-Girl-Image – gehört auch die richtige Stimme. Schließlich wollen Sie Ihr Publikum ja nicht vor den Kopf stoßen und es verjagen.

## Das Beherrschen der Sprache

Die mündliche Kommunikation setzt sich im Wesentlichen aus drei Elementen zusammen:

1. Was Sie sagen (Wörter).
2. Wie Sie etwas sagen (Tonfall).
3. Wie Sie dabei klingen (Stimmlage).

Bad Girls beherrschen diese drei Elemente. Und wie? Bevor Sie im vorigen Kapitel Ihren Gang verändern konnten, mussten Sie ihn analysieren. Nun müssen Sie sich selbst beim Sprechen *zuhören*, bevor Sie etwas verbessern können. Fangen wir gleich damit an!

Jedes Mal, wenn ich in einem meiner Kurse diese Übung erkläre, äußern einige der Teilnehmerinnen Bedenken. Sie sind der Meinung, durch eine solche Videoaufnahme würden sie ihrer eigenen Stimme und Sprechweise für den Rest ihres Lebens befangen gegenüberstehen. Ich antworte diesen Frauen dann genau das, was ich jetzt Ihnen sage: Wenn Sie sich selbst beim Sprechen auf Video aufnehmen und dann auch noch den Mut haben, sich das Ganze anzusehen und daraus zu lernen, dann werden Sie bezüglich Ihrer Stimme viel natürlicher und selbstbewusster und können sie gezielt einsetzen. Diese Veränderung wird sich rasch bemerkbar machen, da Sie durch Ihr wachsendes Selbstvertrauen attraktiver wirken und davon auch im Berufsleben profitieren können.

## ÜBUNG 2

*Nehmen Sie sich selbst beim Sprechen auf!*

Am besten wäre dazu natürlich eine Videokamera, aber Sie können genauso gut auch einen Kassettenrekorder verwenden.

1. Laden Sie einen Freund als Gesprächspartner zum Abendessen zu sich ein.
2. Bauen Sie die Kamera so auf, dass Sie beide beim Essen aufgezeichnet werden. Wenn Sie einen Kassettenrekorder verwenden, stellen Sie ihn neben sich auf den Tisch. Führen Sie vorher eine kleine Probeaufnahme durch, um sicherzugehen, dass alles auch funktioniert.
3. Wenn Sie kein allzu gesprächiger Mensch sind, überlegen Sie sich vorab ein oder zwei Geschichten, die Sie Ihrem Gegenüber erzählen können. Diese Übung funktioniert nur, wenn Sie reden!
4. Bereiten Sie Papier und Bleistift vor. Sie werden sich im Laufe dieser Übung das Band insgesamt dreimal anhören bzw. ansehen.
5. Erster Durchgang: Achten Sie auf Ihren Wortschatz. *Was* sagen Sie? Verwenden Sie oft Ausdrücke wie »äh«, »hm«, »also«, »weißt du« und »echt«? Ein häufiger Gebrauch solcher Füllwörter kann bei Ihrem Zuhörer den Eindruck erwecken, Sie seien: unreif, nicht besonders gebildet oder sprachlich ein wenig träge. Keine gute Aussicht. Ab und zu eine umgangssprachliche Wendung zu benutzen, ist in Ordnung, mehr aber auch nicht.
6. Zweiter Durchgang: Achten Sie auf Ihren Tonfall. Passt Ihr Tonfall zu dem, was Sie sagen? Klingen Sie interessiert oder eher gelangweilt, wenn Sie eine Frage stellen? Klingen Sie, als wüssten Sie die Antwort bereits? Antworten Sie auf Fragen entgegenkommend? Oder defensiv? Jedes noch so sorgfältig gewählte Wort verfehlt durch den falschen Tonfall seine Bedeutung.
7. Dritter Durchgang: Hören Sie sich Ihre Stimme an. Wie klingt sie? Ist sie angenehm? Wo entsteht der Klang Ihrer Stimme? Im Kopf (näselnd) oder der Kehle (heiser, flach)? Klingen Sie vielleicht grob? Sie werden Ihre Stimme nicht vollkommen verändern können, aber es gibt Mittel und Wege, Ihre stimmlichen Qualitäten zu optimieren. Wenn Ihre Stim-

me wie Musik in Ihren Ohren klingt, dann empfinden das Ihre Mitmenschen genauso.

Gratulation! Sie haben diese Aufgabe prima gemeistert.

Nun haben Sie eine Fülle an Information über Ihren Wortschatz, Tonfall und Klang der Stimme. Was war für Sie überraschend? Schreiben Sie Ihre Beobachtungen auf Karteikarten oder in Ihr Heft, solange sie noch »frisch« sind. Diese Notizen dienen Ihnen später zur Erinnerung.

## Hören Sie zu!

Sie haben inzwischen schon viel dazugelernt, aber ich möchte sicherstellen, dass wir alle Bereiche abdecken – und dazu gehört eben auch die Fähigkeit, zuzuhören. Kam Ihr Freund oder Ihre Freundin während der letzten Übung zu Wort? Ließen Sie sie oder ihn aussprechen? Es gibt etwas, das nicht nur Männer vollkommen fasziniert: Wenn man ihnen zuhört. Je mehr Sie zuhören und fragen, um so attraktiver, geheimnisvoller und faszinierender wirken Sie. Ihr Gegenüber wird jedes Ihrer Worte in sich aufsaugen und versuchen, so viel wie möglich über Sie zu erfahren. Diese Technik funktioniert übrigens auch mit Klienten, Chefs, Kindern, Liebhabern, Ehemännern ...

Fluchen Sie? Ist es für Sie schon zu einer Gewohnheit geworden? Mit dem Fluchen ist es wie mit der Kunst: Bevor man als abstrakter Künstler ernst genommen werden kann, muss man die klassische Malerei beherrschen. Ebenso muss man sich den Respekt seines Zuhörers erst verdienen, indem man sich sozusagen der »klassischen Kommunikation« als mächtig erweist, bevor man es wagen sollte, seine Rede durch Ausdrücke der besonderen Art zu würzen.

Sollte Fluchen für Sie zur Gewohnheit geworden sein, nehmen Sie sich fest vor, für eine Woche ganz bewusst auf solche Wörter zu verzichten. Sie werden überrascht sein, wie viel abwechslungsreicher Ihr Wortschatz dadurch wird. Niveaulose Äußerungen sind nicht wirklich sexy.

## Das Beherrschen der Stimme

Sie haben gelernt, Ihre Atmung durch bewusstes Atmen zu beeinflussen, und wissen, wie Sie durch bewusstes Sprechen (und Zuhören) Ihre Sprache unter Kontrolle haben. Wie aber können Sie Ihre Stimme kontrollieren? Gibt es eine Möglichkeit, ein Gekrächze oder Piepsen in ein sinnliches Schnurren zu verwandeln? Ja, es gibt einige Tricks – auch wenn diese keine Wunder bewirken können.

### Das Zentrum Ihrer Stimme

Einige Menschen produzieren den Klang ihrer Stimme sozusagen im Kopf, wodurch eine hohe Stimmlage entsteht. Andere sprechen durch die Nase, so dass sie eine näselnde Aussprache bekommen. Wieder andere erzeugen den Klang ausschließlich in ihrer Kehle. Dadurch klingt ihre Stimme zwar heiser, aber ohne jede Tiefe. Kein Sänger kann einen angenehmen Ton hervorbringen oder halten, wenn er ihn in der Nase, dem Kopf oder der Kehle bildet. Ebenso wenig kann Ihre Stimme auf diese Weise wie die eines Bad Girls klingen.

Für den richtigen Gang haben Sie Ihre Aufmerksamkeit auf Ihr Becken gerichtet und sich dabei vorgestellt, dass dort das Zentrum Ihres Ganges liegt. Um Ihre Stimme aus dem Kopf, der Nase oder der Kehle zu bekommen und auf Dauer klangvollere, erotische Töne zu erzeugen, müssen Sie auf ähnliche Weise Ihre Aufmerksamkeit auf ein Körperteil richten, das bei der richtigen Stimmbildung im Zentrum steht. Dieses Zentrum ist ihr Zwerchfell.

Das Zwerchfell befindet sich in der Mitte Ihres Oberkörpers, ungefähr drei Zentimeter unterhalb des Punktes genau zwischen Ihren Brüsten. Legen Sie nun Ihre Hand auf diese Stelle.

Fühlen Sie, wie sich Ihr Bauch hebt und senkt. Spüren Sie Ihren Herzschlag.

Nach wenigen Augenblicken wird sich bei Ihnen ein Gefühl der Ruhe einstellen – ein Gefühl des Wohlbefindens. Wenn ich gestresst oder wütend bin, lege ich meine Hand auf mein Zwerchfell, schließe meine Augen, atme bewusst tief ein und schöpfe so neue Kraft. Dabei geschieht noch etwas anderes: Wenn ich mich auf mein Zwerchfell als Zentrum meiner Stimme besinne, sinkt meine Stimme in meine Brust hinunter und ich spreche »von dort unten«.

Wenn ich aufgeregt bin, wird meine Stimme schnell sehr hoch. Ich kann mich dann wieder beruhigen, indem ich mich auf mein Zwerchfell konzentriere.

Mit Hilfe der nun folgenden Übung können Sie Ihre Stimme wieder »auf den Boden der Tatsachen« zurückholen:

## ÜBUNG 3

### Entdecken Sie Ihre Bad-Girl-Stimme

Jede Stimme ist einzigartig. Sie sollen nicht wie eine andere Person klingen oder jemanden imitieren, sondern mit Hilfe dieser Übung Ihre eigene Stimme »wiederentdecken«.

1. Setzen Sie sich bequem hin, die Füße flach auf dem Boden, den Rücken gerade.
2. Legen Sie Ihre Hand flach auf Ihr Zwerchfell. Betten Sie sie bequem zwischen Ihren Brüsten.
3. Atmen Sie einige Male bewusst durch die Nase ein. Füllen Sie Ihren Unterbauch mit Luft und lassen Sie diese bis in Ihren Kopf steigen. Das ist die tiefste Art der Atmung. Atmen Sie durch den Mund aus. Halten Sie Ihre Hand dabei auf Ihrem Zwerchfell.
4. Atmen Sie noch einmal ein. Summen Sie beim Ausatmen in hoher Tonlage. Beginnen Sie mit dem hohen C und klettern Sie die Tonleiter um eine Oktave nach unten. Stellen Sie sich dabei vor, das Summen begänne

ganz oben in Ihrem Kopf. Während der Ton immer tiefer wird, sinkt in Ihrer Vorstellung der Ton auch in Ihrem Kopf. Wenn Sie vollständig ausgeatmet haben, ruht der Ton in Ihrer Nasenhöhle.

5. Atmen Sie ein. Beim nächsten Ausatmen stellen Sie sich vor, der Ton entstünde in Ihrer Nasenhöhle anstatt oben in Ihrem Kopf. Beginnen Sie die Tonleiter beim mittleren C und summen Sie eine weitere Oktave nach unten. Wenn Sie vollständig ausgeatmet haben, stellen Sie sich vor, der Ton ruhe in Ihrer Kehle.

6. Wenn Sie das dritte und letzte Mal ausatmen, beginnen Sie dort zu summen, wo Sie beim zweiten Mal aufgehört haben: gleiche Stelle (Kehle), gleiche Stimmlage (tiefste Note). Während die Höhe Ihres Summtones beim Ausatmen langsam die Tonleiter nach unten klettert, stellen Sie sich vor, Ihre Stimme würde gewissermaßen Ihre Kehle hinunter in Ihren Brustkorb fallen. In dem Moment, in dem Ihnen die Luft schließlich ausgeht, sollten Sie das Gefühl haben, als sei Ihre Stimme in Ihrem Zwerchfell ausgeklungen, genau an der Stelle, an der Ihre Hand noch immer liegt.

Dieser letzte Ton, der am Ende unter Ihrer Hand erklungen ist — dieser Ton aus dem tiefen Inneren Ihres Brustkorbes —, entspricht genau der Höhe Ihrer Bad-Girl-Stimme.

Versuchen Sie einmal, den oberen Satz in genau dieser Tonlage laut zu lesen. Denken Sie dabei an das Zentrum Ihrer Stimme. Wahrscheinlich müssen Sie diese Summübungen eine Weile trainieren, um Ihre wahre Stimme und deren Klang zu verinnerlichen. Sollte Ihre Stimme nach einiger Zeit wieder die Tonleiter nach oben rutschen, müssen Sie sich nur erneut auf Ihr Zwerchfell konzentrieren. Dann sind Sie schnell wieder da, wo Sie hingehören: mit Ihrer Stimme im Einklang.

## Sind Sie bereit für Verbalerotik?

Die Stimmübungen am Anfang dieses Kapitels verfolgen ein und dasselbe Ziel: Verbalerotik. Sicherlich leuchtet Ihnen ein, dass Ihre Stimme nur dann wirklich verführerisch und sexy sein kann, wenn Sie selbst davon überzeugt sind – sonst wirken Sie komisch.

Echte Verbalerotik ist nach meiner Erfahrung das weitaus wichtigste und wirkungsvollste Aphrodisiakum. Wenn Sie beim Liebesakt Ihre intimen und erotischen Gedanken, Phantasien und Wünsche äußern, dann sind Sie ein Bad Girl und Ihre natürliche Kreativität kann sich frei entfalten. Unterdrücken Sie diese Worte aber, sind Sie nicht mehr Sie selbst und fühlen sich in gewisser Weise unbefriedigt. Im Laufe der letzten Kapitel haben Sie so viel dazugelernt, dass der Verbalerotik nichts mehr im Weg steht.

*Welche Wörter liegen Ihnen auf der Zunge?*

Welche Wörter liegen Ihnen förmlich auf der Zunge – und Sie trauen sich aus Schüchternheit oder falschem Schamgefühl nicht, sie auszusprechen? Und dabei meine ich nicht nur Gedanken *beim* Sex, sondern auch lüsterne und anzügliche Dinge, die Ihnen im Alltag ganz unvermittelt in den Sinn kommen. Diese spontanen und natürlichen Gedanken werden in Zukunft Ihr Sexleben bereichern. Befördern wir diesen Schatz ans Tageslicht!

Es würde mich nicht wundern, wenn einige von Ihnen so geschickt im Verdrängen dieser Gedanken wären, dass Sie selbst schon gar nicht mehr an deren Existenz glauben! Wer's glaubt, wird selig! Wir werden dieses leise Flüstern nun in Schreie verwandeln, damit Sie es hören, willkommen heißen und zu Ihrem Wohle nutzen können.

## ÜBUNG 4

### Die Suche nach den richtigen Worten (Teil 1)

In dieser Übung geht es um Phantasie. Nehmen Sie sich für die Durchführung etwa eine halbe Stunde Zeit. Wenn Sie nicht alleine leben, wählen Sie einen Zeitpunkt, an dem Ihre Mitbewohner nicht zu Hause sind; nur wenn

Sie vollkommen ungestört sind, können Sie sich vollkommen entspannen. Gibt es eine bestimmte Musik, die Sie in eine erotische Stimmung versetzt? Spielen Sie sie ruhig (leise) während dieser angenehmen Übung im Hintergrund. Nehmen Sie sich dann noch Ihr Schreibheft oder ein Blatt Papier zur Hand.

1. Legen Sie sich mit dem Rücken auf Ihr Bett, Sofa oder (wenn Sie sich so glücklich schätzen dürfen) auf Ihr Bärenfell vor dem Kamin. Atmen Sie einige Male tief und entspannt durch. Schließen Sie Ihre Augen.
2. Stellen Sie sich vor, wie Sie mit Ihrem Liebsten oder einem anderen attraktiven Mann alleine sind (in Ihrer Phantasie ist alles erlaubt). Wo befinden Sie sich? Im Bett? Auf dem Rücksitz Ihres Autos? Auf dem Küchentisch? Suchen Sie sich einen Ort, der Sie erregt.
3. Ihr Partner sieht zum Anbeißen aus. Er trägt ein schwarzes T-Shirt, das seinen Bizeps/Oberkörper/Waschbrettbauch (oder was Sie sonst am meisten antörnt) zur Schau stellt. Woran denken Sie, wenn Sie ihn ansehen? Stellen Sie sich vor, wie Sie Ihrem Liebsten all das sagen, was Ihnen in jenem Moment im Kopf herumgeht.
   - Betrachten Sie sich, wie Sie diese Gedanken mit Ihrem Partner teilen.
   - Hören Sie sich zu, während Sie Ihre Gefühle in Worten ausdrücken.
4. Sie genießen das wunderbare Gefühl seiner Umarmung, und es überkommt Sie eine Welle der Begierde. Ihr Körper verändert sich und lechzt nach Berührung.
   - Sehen Sie sich dabei zu, wie Sie Ihrem Partner Ihre körperlichen Reaktionen beschreiben.
   - Hören Sie, wie Sie Ihren Geliebten um das bitten, was Sie sich wünschen.
   - Fühlen Sie die Bedeutung, die diese Worte nun für Sie haben.

Da dies schließlich Ihre Phantasien sind, halte ich mich nun zurück und überlasse Ihnen alles Weitere. Versuchen Sie, sich den Liebesakt von Anfang bis Ende vorzustellen. Beobachten Sie sich weiterhin dabei, wie Sie die Worte aussprechen, die Ihnen in den Sinn kommen. *Hören* Sie sich sprechen. *Fühlen* Sie, wie die Worte aus Ihrem Innersten emporsteigen.

Die eben von mir beschriebene Szene ist nur ein Vorschlag. Wenn Sie Ihren Partner lieber in Leder sähen, im Anzug oder wie Gott ihn schuf, auch gut. Wichtig ist nur, dass Ihre Phantasie dadurch angeregt wird.

Na, schon ganz heiß? Da sind Sie nicht die Einzige. Viele Frauen berichten, dass sie das Bedürfnis haben, sich während oder nach dieser Übung selbst zu befriedigen (sollten Sie dieses Verlangen bereits *vor* der Übung gehabt haben, umso besser!). Nutzen Sie Ihren Zustand der Erregung, um sich in eine andere Situation hineinzudenken. Sie sollte sich von der vorherigen unterscheiden. Gibt es irgendwelche Alltagssituationen in Ihrem Leben, die Sie zu sexuellen Gedanken verleiten? Stellen Sie sich eine solche vor.

## Was passiert wirklich im Bett?

Ich hatte einmal eine Klientin, Heather, die es erregte, gemeinsam mit ihrem Partner das Bett frisch zu beziehen. Lange Zeit hatte sie diese Gefühle einfach verdrängt, weil sie es seltsam fand, durch eine so profane Tätigkeit »in Stimmung« zu kommen. Die Wärme und der frische Duft der Laken, die Nähe, die sie zu ihrem Partner empfand, während sie gemeinsam das Bett herrichteten, die Bewegungen ihrer Körper; all diese Dinge trugen ihren Teil zu Heathers Verlangen bei. Erst als sie die oben beschriebene Übung durchführte, konnte Heather ihre Empfindungen in Worte fassen. Als sie und ihr Partner das nächste Mal gemeinsam die Betten bezogen, setzte sie ihre Phantasien in die Tat um und erzählte mir später, dass dies möglicherweise der beste Sex ihres Lebens war. Es ist überflüssig zu sagen, dass sie zu einem großen Fan dieser Visualisierungstechnik wurde und sie oft einsetzte!

Ruft diese Geschichte irgendwelche Erinnerungen in Ihnen wach? Gibt es Situationen in Ihrem Leben, die Sie ohne ersichtlichen Grund erregen? Kommen Sie beispielsweise von Ihrem Aerobic-Kurs nach Hause und gieren nach Sex? Würden Sie am liebsten jedes Mal über Ihren Partner herfallen, wenn er den Rasen mäht? Diese Momente sind Schätze, die unbedingt ausgegraben und ans Tageslicht gebracht werden sollten. Geben Sie sich mit bestem Gewissen der wildesten Phantasie hin! Stellen Sie sich vor, wie Heather Ihre Gedanken in Worte zu fassen, und haben Sie dabei die positive Wirkung Ihrer Worte vor Augen. Genießen Sie Ihre Phantasie.

## ÜBUNG 5

### Die Suche nach den richtigen Worten (Teil 2)

Im ersten Teil dieser Übung ging es um Phantasie. Da solche Phantasien wie Träume sind, vergisst man sie leicht. Deshalb sollen Sie nun im zweiten Teil der Übung die Worte, die Sie im Geiste bereits ausgesprochen haben, zu Papier bringen.

Im nun folgenden Abschnitt werde ich Ihnen eine Reihe von Fragen stellen. Übertragen Sie diese Fragen bitte in Ihr Schreibheft und nehmen Sie sich bei deren Beantwortung ausreichend Zeit.

Beantworten Sie folgende Fragen:

1. Was war in Ihrer Vorstellung an Ihrer Ausdrucksweise anders als im wirklichen Leben? Baten Sie Ihren Partner um die Erfüllung Ihrer Wünsche? Sagten Sie ihm, was Sie gerne für ihn täten? Schwärmten Sie von Teilen seines Körpers oder erzählten Sie ihm, was Sie gerade körperlich empfanden?
2. Wie fühlten Sie sich beim Aussprechen dieser Worte?
3. Welche Wörter oder Sätze verwendeten Sie, die Sie unter normalen Umständen nie sagen würden?
4. Wie fühlten Sie sich beim Aussprechen dieser Wörter?
5. Sagten Sie irgendwelche Wörter oder Sätze, bei denen Sie sich unwohl fühlten? Wenn ja, warum?
6. Welche Wörter und Sätze gefielen Ihnen am besten?
7. Waren Sie überrascht von dem, was Sie sagten oder taten?

## Barbaras lustvolle Lückentexte

In diesem Buch geht es um nichts anderes als um die Entdeckung Ihrer eigenen Identität. Ich hoffe, dass Sie während der Suche nach den richtigen Worten eine neue und aufregende Seite an sich entdeckt haben.

Wie wir bereits wissen, hat Ihre Vorstellungskraft eine unglaubliche Macht. Sie war bei der Entdeckung und Ausarbeitung Ihrer neuen Garderobe unverzichtbar. Mit Hilfe meiner Lieblingsübung werden Sie nun den reichen Wortschatz Ihrer Phantasie dazu benutzen, sich Ihr ganz persönliches Bad-Girl-Vokabular zuzulegen.

Im Ferienlager spielten wir als junge Mädchen gern ein Spiel, das wir *Lustiger Lückentext* nannten. Dabei galt es, in einer Geschichte die fehlenden Schlüsselwörter zu ergänzen, wobei das eigentliche Thema erst am Ende des Spiels bekannt gegeben wurde. Am witzigsten war es, wenn durch eines der Verben oder Adjektive zufällig etwas Unanständiges entstand; wir brachen dann jedes Mal in solches Gelächter aus, dass unsere Betreuer kamen und nur noch den Kopf schütteln konnten.

Sie dürfen dieses Spiel in einer etwas erwachseneren Version spielen – das Thema ist Sex, und die Lücken im Text müssen mit den Wörtern und Ausdrücken gefüllt werden, die Sie in der vorigen Übung niedergeschrieben haben.

*Lustvoller Lückentext Nr. 1:*
*Ein Brief an Ihren Liebsten*

Dies ist eine tolle Möglichkeit, Ihrem Partner den neu erworbenen Wortschatz vorzuführen (und dabei selbst ein wenig zu üben). Stellen Sie sich seine Begeisterung vor, wenn er folgenden Brief auf seinem Kissen entdeckt!

*Liebling, ich habe den ganzen Tag an dich gedacht und daran, wie sehr ich dein* _____ (Substantiv) *liebe. Ich kann einfach nicht aufhören, daran zu denken. Ich liebe die Art, wie er/sie/es sich in mein/er/em*_____ (Substantiv) *anfühlt. Wenn ich nur daran denke, wird mein* _____ (Substantiv) *ganz* _____ (Adjektiv)*. Ich wünschte, du wärst gerade bei mir, damit ich mein*_____ (Substantiv) *an dein* _____ (Substantiv) *reiben kann. Ich habe noch nie ein* _____ (Substantiv) *erlebt, der/die/das die gleiche Wirkung auf mich hat wie die* _____ (Substantiv)*. Die Art, mit der du mich* _____ (Verb)*, lässt mich vor Lust laut aufschreien. Mein* _____ (Substantiv) *wird schon ganz* _____ (Adjektiv)*, wenn ich mir nur vorstelle, wie du mich* _____ (Verb)*. Komm und hole mich, mein Liebling. Lass mein* _____ (Substantiv) *dein* _____ (Substantiv) *sein.*

Klingt das nicht nach einem Riesenspaß? Wollen Sie noch ein weiteres Beispiel? Wie wär's damit:

*Lustvoller Lückentext Nr. 2:*
*Ein Abendessen mit Hintergedanken*

Das ist bestimmt kein Text für Ihr erstes Date! Aber Sie werden schon merken, wann der richtige Zeitpunkt dafür gekommen ist.

*Ich esse liebend gerne* _____ (Substantiv)*, denn er/sie/es ist so ein erotisches Gericht. Die Art, wie es sich auf meiner Zunge anfühlt erinnert mich an dein* _____ (Substantiv)*, weil es ebenso weich und glatt ist. Ich weiß, dass Austern ein Aphrodisiakum sind, aber mich versetzt* _____ (Substantiv) *in die richtige Stimmung. Der Duft, der Geschmack und die Beschaffenheit reizen meine Sinne dermaßen, dass ich völlig erregt werde. Wie ich hier im Moment so sitze, wünsche ich mir nichts sehnlicher als zu dir hinüberzugehen, mich auf deinen Schoß zu setzen und mein* _____ (Substantiv) *in dein* _____ (Substantiv) *zu stecken. Am liebsten würde ich etwas von diesem Olivenöl auf dein*

_____ (Substantiv) *tröpfeln und dich mit meiner Hand so lange* _____ (Verb), *bis du kurz vorm* _____ (Verb) *bist. Dann würde ich wenig von der Sahne auf meinem Cappuccino nehmen, sie auf mein/er/em* _____ (Substantiv) *verreiben und dich unter dem Tisch verstecken, während du es von mir* _____ (Verb). *Und dann, wenn wir es beide nicht mehr länger aushalten, dann darfst du mich gleich hier nehmen, dein* _____ *vor Olivenöl glänzende* _____ (Substantiv) *in mein* _____ (Adjektiv), (Adjektiv) (Substantiv) (Verb), *bis wir beide* _____ (Verb) *wie wir noch nie zuvor ge-* _____ (Verb) *haben.*

Es würde mich wundern, wenn Sie auch nur bis zur Hälfte dieses Lückentextes kommen, bevor er nach der Rechnung ruft! Wie bei allen anderen Übungen ist auch bei dieser der Schlüssel zum Erfolg, dass Sie Wörter und Sätze wählen, die zu Ihnen passen. Schließlich sollen Sie ja niemanden nachmachen, sondern möglichst authentisch sein. Jedenfalls sollten Sie nichts sagen, was Sie nicht auch so meinen. Wenn Sie mit jemandem keine sexuelle Beziehung haben wollen, dann verführen Sie ihn nicht mit einem solchen Lückentext – das sorgt nur für Verwirrung. Auch wenn diese Lückentexte gute Unterhaltung sind, sind sie nicht nur als Spiel gedacht – Sie sollten einen solchen Text nur dann einsetzen, wenn Sie das, was Sie »anzetteln«, auch bis zum Ende durchziehen wollen.

*Lustvoller Lückentext Nr. 3:*
*Bettgeflüster*

Schließlich und endlich: die Hauptsache. Darauf haben Sie alle Übungen vorbereitet: Verbalerotik im Bett, mit der Sie aus ein paar glühenden Kohlen ein loderndes Feuer entfachen können. Die Fähigkeit, das Sexleben durch erotische Gespräche zu würzen, unterscheidet das Bad Girl von der Durchschnittsfrau. Und los geht's ...

*Den ganzen Tag konnte ich an nichts anderes denken als an deine Hände auf mein_____ (Substantiv). Darf ich deine Hand selbst dorthin legen? Deine Finger sind so stark und ich liebe ihre sanfte Rauheit auf meine_____ seidigen_____ (Substantiv). Ich bin ganz_____ (Adjektiv). Fühlst du es?_____ (Verb) mich noch einmal – genau so, wie du es gerade eben getan hast. Macht es dir etwas aus, wenn ich dein_____ (Substantiv) (Verb)? Ich würde es so gerne. Ja, ich muss es sogar! Sonst werde ich wahnsinnig. Gib mir dein_____ (Adjektiv) (Substantiv). Gefällt dir das? Mir gefällt es. Mir gefällt es sogar sehr. Oh, ich liebe es. Du wirst so_____ (Adjektiv). Berühre mein_____ (Substantiv). Sieh nur, was du mit mir machst. Ich werde jetzt mein_____ (Substantiv) (Verb), damit du mich dort_____ (Verb) kannst. Genau so, ja, genau so. Hör nicht auf! Ich brauche mehr! Berühre mein_____ (Substantiv), während du mich_____ (Verb). Fühle mein_____ (Substantiv). Das fühlt sich so gut an. Dein_____ (Substantiv) fühlt sich so gut an. Dein_____ (Substantiv) schmeckt so gut. Schmeckt mein_____ (Substantiv) auch so gut? Sage mir, wie er/sie/es schmeckt. Du machst mich ganz wild. Ich bin jetzt für dein_____ (Substantiv) bereit. Bekomme ich ihn/sie/es jetzt? Oh ja. Mein_____ (Substantiv) steht unter Strom. Wenn du mich dort berührst, dann … Du bist wie ein_____ (Substantiv) der_____ (Substantiv) in mir. Ich halte es beinahe nicht mehr aus. Ich werde gleich_____ (Verb)! Lass uns zusammen_____ (Verb)! Ich möchte, dass wir beide_____ (Verb). Gleich! Gleich! _____(Verb) mich fester. Schneller! Tiefer! Fester!*

Huch! Ich könnte jetzt eine Zigarette vertragen, und dabei rauche ich gar nicht! War Ihnen das heiß genug? Wenn nicht, verschärfen Sie das Ganze noch ein wenig. Wenn es etwas *zu* heiß für Sie ist, wählen Sie einfach jene Sätze aus, die Ihnen gefallen. Das ist kein Skript, das Sie auswendig im Kopf haben müssen, sondern nur eine Vorlage für Ihren eigenen Dialog. Sie brauchen mich nicht, um die richtigen Worte zu finden!

# Bad Girls kennen ihren Körper

Viele Frauen stehen Ihrer eigenen Sexualität mit gemischten Gefühlen gegenüber – Erika ist dafür ein perfektes Beispiel. Für sie gibt es kaum etwas Schöneres als Oralsex. Stundenlang kann sie über den Penis ihres Partners reden und darüber, wie er sich in ihrem Mund anfühlt; sie liebt den Anblick der ersten »Träne«, wie sie es nennt – den ersten kleinen Tropfen Samenflüssigkeit, und ganz besonders liebt sie die Veränderung seines Gesichtsausdrucks, wenn er zum Höhepunkt kommt.

Wo liegt nun das Problem? Erika kann leider kaum über ihre eigenen sexuellen Empfindungen sprechen. Sie selbst ist nämlich nur äußerst selten erregt – weder durch oralen Sex noch durch Geschlechtsverkehr, und sie kam noch nie mit einem Partner zum Höhepunkt. Wenn sie allein ist und keinen Zeitdruck empfindet, kann sie durch Selbstbefriedigung zum Orgasmus kommen, beschreibt aber ihren Höhepunkt als ein »kleines, leises Zucken«. Erika liebt Sex, weil sie dadurch ihrem Partner näher kommt, und gibt andererseits zu, dass es für sie selbst meist frustrierend ist. Sie fühlt sich nie wirklich erregt, kann für Ihren Partner Erregung empfinden, aber nicht für sich selbst. Kein Wunder, dass auch Erikas Partner frustriert ist. Erikas Mangel an sexuellen Empfindungen ist für ihn sehr enttäuschend, auch wenn Erika ihm versichert, dass es nicht an ihm liegt.

Um etwas an Erikas Situation zu verändern, muss sie ihre inneren Blockaden überwinden. Geht es Ihnen genauso? Sie können nur ein Bad Girl sein, wenn Sie Sex als toll, unvergesslich, wunderbar und großartig empfinden. Wenn Sex für Sie »okay« ist, dann ist Ihre Einstellung zum Sex auch nur »okay«. In diesem Kapitel werden wir daran arbeiten, ihre Empfindungen beim Sex zu verändern. Keine »Okays« mehr. Es wird Zeit für »WOW«!

Sie werden einige Techniken kennen lernen, mit denen Sie so manche emotionale und körperliche Blockaden lösen und Ihre körperlichen und sinnlichen Empfindungen steigern können.

## Seien Sie sich Ihres Körpers bewusst!

Ich habe mit Anfang zwanzig die Lektion meines Lebens gelernt – mitten in den Irrungen und Wirrungen einer meiner ersten großen Leidenschaften. Eines Nachts – in den Anfängen unserer Beziehung – liebten wir uns. Die Erregung wuchs und mein Freund begann, mich mit dem Mund zu befriedigen. Ich erlebte das zum ersten Mal und konnte nicht umhin, mich etwas unwohl dabei zu fühlen. Seltsamerweise gingen mir folgende Fragen nicht aus dem Kopf: Ist meine Vagina normal? Ist sie anziehend? Wird er durch sie mehr oder weniger erregt? Wie schneide ich im Vergleich mit anderen Frauen ab?

Diese Gedanken habe ich gegenüber meinem jungen Liebhaber nie ausgesprochen, doch als ob er meine Gedanken gelesen hätte, sagte er plötzlich: »Du hast eine wunderschöne Muschi!« Tatsächlich? Ich war vollkommen verblüfft, erstaunt, etwas peinlich berührt und gleichzeitig stolz. Er war nicht nur der Einzige, der jemals in meinem ganzen Leben etwas Positives über meine Vagina gesagt hatte – außer meinem Frauenarzt –, sondern er hatte sich auch die Zeit genommen, sie sich anzusehen. Sein ernst gemeintes, spontanes und großzügiges Kompliment machte mir klar, wie wenig ich selbst über meinen Körper wusste. Warum hatte ich nicht längst die Schönheit meiner Vagina entdeckt? Warum hatte ich 23 Jahre gewartet, um das zu erfahren? Was wusste ich wohl alles nicht über meinen eigenen Körper und meine Sexualität?

Lassen Sie mich Ihnen eine direkte Frage stellen: Wie gut kennen Sie Ihren Körper? Könnten Sie Schritt für Schritt aufschreiben, wie man Ihren Körper erregen kann? Es hat keinen Sinn, hier um den heißen Brei herumzureden, also frage ich Sie direkt: Wie sieht Ihre Vagina aus? Würden Sie sie von anderen unterscheiden können? Ohne das Muttermal auf Ihrem Schenkel zu sehen? Wo ist Ihr G-Punkt? Könnten Sie einen Finger in Ihre Vagina einführen und ihn auf die Schnelle finden?

Bad Girls können all diese und noch mehr Fragen mit »Ja« beantworten! Sie kennen ihren Körper in- und auswendig. Und wer seinen Körper kennt, weiß auch ohne Mann, welche Berührungen angenehm und stimulierend sind.

### Erstellen Sie eine »Karte« Ihres Körpers

In diesem Kapitel sollen Sie Ihren Körper erkunden, als sei er ein bislang unentdeckter Kontinent. Beginnen werden wir mit einer einfachen ... Berührung.

*Nur wenige von uns bekommen genügend Streicheleinheiten.*
Auch wenn Sie in einer glücklichen Partnerschaft leben, wette ich, dass Sie nicht oft genug gestreichelt, in den Arm genommen oder massiert werden. Haben Sie heute schon ausreichend Streicheleinheiten bekommen? Und gestern? Und vorgestern? Dem können Sie Abhilfe schaffen, indem Sie es einfach selbst tun. Abgesehen davon, dass es angenehm ist, lernen Sie auch, welche Berührung an welcher Stelle Ihres Körpers für Sie am schönsten ist.


## ÜBUNG 1

### Berühren Sie sich selbst!

Endlich ist es Zeit zum Ausziehen – eine meiner Lieblingsbeschäftigungen! Gönnen Sie sich eine kleine Auszeit und machen Sie sich auf den Weg ins Schlafzimmer.

Zweck dieser Übung ist es, Ihren Körper zum Leben zu erwecken und seine Empfindungsfähigkeit zu steigern. Außerdem sollen Sie herausfinden, wie Ihr Körper auf unterschiedliche Berührungen reagiert. Die Stärke Ihrer Reaktion und die Höhe Ihres Erregungszustandes messen Sie ganz einfach so:

**Level 1**: nicht bis ein wenig erregt
**Level 2**: mäßig erregt
**Level 3**: stark erregt
**Level 4**: sehr erregt

Machen Sie sich im Geiste bei jeder Stufe dieser Übung eine kleine Notiz über den Grad Ihrer Erregung. Auch wenn Sie wahrscheinlich im Laufe dieser Übung erregt werden, ist nicht der Orgasmus das Ziel, sondern das Erkennen der vielen kleinen Abstufungen an Empfindungen, die zwischen Eiseskälte und Orgasmus liegen.

1. Legen Sie sich auf den Rücken. Atmen Sie einige Male tief durch. Entspannen Sie sich. Fühlen Sie die Luft auf Ihrer nackten Haut. Fühlen Sie Ihr Herz schlagen. Schließen Sie die Augen. **Auf welchem Level befinden Sie sich?**
2. Beginnen Sie am Scheitel und streicheln Sie ganz sachte mit Ihren Fingerspitzen über Ihr Haar. **Auf welchem Level befinden Sie sich?**
3. Lassen Sie Ihre Fingerspitzen weiter nach unten wandern. Streicheln Sie Ihren Hals und Ihr Schlüsselbein mit der gleichen zärtlichen Bewegung. Konzentrieren Sie sich auf jeden Nerv, der auf diese Berührung reagiert. **Auf welchem Level befinden Sie sich?**
4. Wandern Sie von Ihrem Schlüsselbein hinunter zu Ihren Brüsten und Ihren Brustwarzen. Lassen Sie sich dabei möglichst viel Zeit. Fühlen Sie die Beschaffenheit, die Temperatur, die Form Ihrer Brüste und Brustwarzen. Was geschieht mit Ihrem Körper? Werden Ihre Brustwarzen hart? Verändert sich Ihre Atemfrequenz? Steigert sich Ihre Erregung? **Auf welchem Level befinden Sie sich?** Sobald Sie sich an die Stimulation gewöhnt haben und die Intensität der Reize langsam nachlässt, wandern Sie Ihren Körper weiter nach unten.
5. Streicheln Sie Ihren Oberkörper, dann Ihren Bauch. Und den Nabel. Oh ja, der Nabel. Eine häufig vernachlässigte, aber hoch erogene Zone. Ver-

weilen Sie ein Weilchen an dieser kleinen reizvollen Stelle. Achten Sie darauf, dass Sie sich nur ganz leicht mit den Fingerspitzen berühren. **Auf welchem Level befinden Sie sich?**

6. Mittlerweile sind Sie oberhalb Ihrer Schambehaarung angelangt. Streicheln Sie sanft Ihre Schamhaare. Liebkosen Sie langsam die Innenseite Ihrer Oberschenkel und die Seiten Ihres Pos. Konzentrieren Sie sich auf die Gefühle, die diese Berührungen in Ihnen wecken. **Auf welchem Level befinden Sie sich?**

7. Streicheln Sie sanft über Ihr Schamhaar. Was für ein Gefühl ist es, sich selbst so nah an der Vagina zu streicheln, ohne sie dabei zu berühren? Erregt es Sie? Spreizen Sie Ihre Beine. Streicheln Sie ganz leicht die Spitze Ihrer Klitoris. Streicheln Sie erst Ihre äußeren Schamlippen, dann die inneren. Denken Sie daran: Bei dieser Übung geht es nicht darum, sich selbst zu befriedigen, auch wenn es wahrscheinlich darauf hinauslaufen wird. Sehen Sie, wie erregt Sie werden, ohne einen Orgasmus zu haben? **Auf welchem Level befinden Sie sich?**

8. Auch wenn es schwer fallen wird, sich von dort zu lösen, wandern Sie weiter hinunter und streicheln Sie seitlich Ihre Oberschenkel und Pobacken. Streicheln Sie Ihre Knie. Ziehen Sie Ihre Füße so nah an Ihr Gesäß, dass Sie Ihre Waden, Fußrücken und Zehen streicheln können. Lassen Sie sich dabei Zeit und benutzen Sie weiterhin nur Ihre Fingerspitzen. **Auf welchem Level befinden Sie sich?**

Sie haben soeben Ihren gesamten Körper vom Kopf bis zu den Zehenspitzen gestreichelt. Wie fühlen Sie sich? Auf welchem Level befinden Sie sich nun? Empfinden Sie

- eine Art Wohlbefinden? (Level 1)
- Wärme und ein leises Kitzeln? (Level 2)
- Heißhunger auf mehr? (Level 3)
- explosive Erregung? (Level 4)

Wahrscheinlich haben Sie während der Übung all jene unterschiedlichen Grade an Erregung empfunden. Wie fühlen Sie sich jetzt nach der Übung? Welcher Eindruck bleibt?

*Anschlussübung 1*
Bevor Ihre Erinnerung an diese Erfahrung nachlässt, lesen Sie
sich den Übungsverlauf noch einmal durch und schreiben Sie
Ihre Antworten auf die nun folgenden Fragen in Ihr Schreibheft:

- Wie erregt waren Sie, als Sie Ihren Kopf streichelten? Ihren
  Hals? Ihre Brüste?
- Wie viel Zeit verging bei jeder Station, bis die Erregung einzusetzen begann?
- Wann war Ihre Erregung am größten: am Anfang der Berührung oder nach einer gewissen Weile? Ist die Antwort abhängig vom jeweiligen Körperteil?

Wissen ist Macht. Wenn Sie die Reaktionen und Empfindungen Ihres Körpers auf die unterschiedlichsten Berührungen genau kennen, lernen Sie den Grad Ihrer Erregung schnell zu
steigern. Außerdem können Sie Ihrem Partner sagen, wie er
Ihre Lust erhöhen kann. So werden Sie eine ganz neue Art der
Verbindung zu ihm aufbauen.

## Das »V«-Wort

Als ich Ihre Stimme vorhin als das »S«-Wort bezeichnete, habe
ich Sie absichtlich ein wenig in die Irre geführt. Natürlich
wusste ich, woran Sie dabei gedacht haben. Kommen wir nun
also zur Sache und sprechen über das »V«-Wort; denken wir
darüber nach, schauen wir es uns an, benennen wir all seine
Teile und werden wir so vertraut damit, dass Sie es nie wieder
als »es« bezeichnen werden.

Für viele gebildete und kluge Frauen ist die Vagina das einzig unbekannte Terrain ihres Körpers. Manchmal bezeichne
ich sie als den dunklen Kontinent, da sie für viel zu viele Frau-
en häufig ebenso geheimnisvoll und unerforscht bleibt wie
das Weltall. Jetzt haben diese dunklen Tage ein Ende. Sie sol-

len der größte Fan Ihrer Vagina werden. Klingt das ein wenig komisch in Ihren Ohren? Wenn ja, machen Sie doch einmal diesen kleinen Test:

Können Sie folgende Sätze überzeugend und ohne mit der Wimper zu zucken laut aussprechen?

- Ich bin stolz auf meine Vagina.
- Ich finde meine Vagina wunderschön.
- Ich liebe es, meine Beine weit zu spreizen, damit mein Partner meine Vagina sehen kann.

Wie ist es Ihnen ergangen? Bereiteten Ihnen einige dieser Aussagen Schwierigkeiten? Oder etwa alle? Wenn ich in einer Einzelsitzung mit einer Klientin an diesem Punkt ankomme, dann bitte ich sie manchmal, mir diese Sätze laut vorzulesen. Ich habe dann manchmal das Gefühl, als sei ich mit einer Zeitmaschine ins 19. Jahrhundert katapultiert worden! Dabei wird es Zeit, dass wir uns nicht mehr unserer Vagina schämen.

Haben Sie den Film *Grüne Tomaten* gesehen? Kathy Bates spielt darin eine Frau in den Wechseljahren, die mit den üblichen Schwierigkeiten zu kämpfen hat. Sie tritt einem Frauenclub bei, von dem Sie annimmt, es würden Kochrezepte ausgetauscht und die Sonderangebote des Supermarkts diskutiert. Bei ihrem ersten Besuch sitzen alle Frauen mit einem kleinen Spiegel im Kreis auf dem Boden. Die Kursleiterin fordert sie auf, ihre Unterwäsche auszuziehen und ihre Vagina zu betrachten. In der folgenden hysterischen Szene spiegelt Kathy Bates Gesicht ungefähr fünfzehn verschiedene Gedanken und Gefühle wider – von Verwirrung über Brechreiz bis zu blankem Entsetzen.

Im Film ist das witzig, im wirklichen Leben nicht. Ich finde es traurig, dass eine Frau in der heutigen Zeit eine so schlechte Beziehung zu ihrer eigenen Sexualität haben kann, und ich möchte nicht, dass Sie in zehn, zwanzig oder dreißig Jahren ebenso enden. Sie etwa?

Männer werden vom Anblick einer Vagina erregt. Sie finden es erotisch, sie anzufassen, zu riechen und zu schmecken. Warum sind Sie also so darauf bedacht, Ihre Vagina zu verbergen? Es wird Zeit, sie in einem völlig neuen Licht zu sehen.

## Betrachten Sie sich mit den Augen eines Künstlers

Haben Sie jemals einen Kurs in Aktzeichnen besucht? Wenn ja, dann wissen Sie, dass die Modelle nur selten den Ansprüchen des heutigen Schönheitsideals gerecht werden. Wenn sich das erste Mal ein solches Modell vor Ihren Augen entblößt, müssen Sie vielleicht ein leises Kichern unterdrücken. Es kann einige Minuten dauern, bis Sie in der Lage sind, Ihr Gegenüber nicht mehr kritisch zu begutachten. Während des Zeichnens hören Sie schließlich auf, das Modell anzuschauen und »sehen« es nun wirklich. Jede Linie, Kurve und Falte scheint plötzlich faszinierend und wunderschön.

In der nun folgenden Übung werden Sie Ihr eigenes Aktmodell sein und Ihre intimsten Stellen mit dem wohlwollenden Auge eines Künstlers betrachten. Es spielt keine Rolle, ob Sie ein kleiner Rembrandt sind oder schon mit Strichmännchen Probleme haben; Ihre künstlerischen Fähigkeiten spielen keine Rolle. Wichtig ist nur, dass Sie Ihre Vagina auf völlig neue Weise betrachten. Vergessen Sie nicht: Sie sind im Kurs für Aktzeichnen. Zeigen Sie also ein wenig Respekt ... und gekichert wird nicht!

## ÜBUNG 2

### Anatomie

Für diese Übung brauchen Sie Folgendes:
- einen kleinen Kosmetikspiegel mit einem Ständer (vorzugsweise aus Plastik, damit Sie sich nicht daran verletzen können),

- ein weißes Blatt Papier,
- einen Stift zum Zeichnen,
- ein gutes Auge und Unvoreingenommenheit!

Ich empfehle Ihnen, diese Übung tagsüber durchzuführen, damit Sie ausreichend Licht haben, um alle Details zu erkennen.

1. Setzen Sie sich aufrecht und – zumindest teilweise – nackt auf Ihr Bett. Legen Sie sich dazu eine Menge Kissen in den Rücken. Sie sollen ganz bequem und entspannt sitzen.
2. Spreizen Sie Ihre Beine und ziehen Sie Ihre Füße etwas an Ihr Gesäß. Positionieren Sie den Spiegel so, dass Sie Ihre Vagina deutlich sehen können.
3. Damit Ihre Sicht nicht beeinträchtigt wird, legen Sie das Blatt Papier entweder auf den Oberschenkel oder das Knie. Ihre Zeichnung wird Ihren gesamten Schambereich umfassen. Beginnen Sie also am oberen Rand Ihrer Schambehaarung und arbeiten Sie sich nach unten weiter bis zu ihrem *mons veneris* – das ist der lateinische Ausdruck für »Venushügel« und bezeichnet das Fettgewebe, das über dem Schambein liegt. Das Schambein liegt zwischen Unterbauch und Schamlippen. Diese kleine Fettschicht schützt das Schambein vor Verletzungen beim Geschlechtsverkehr. Für viele Frauen ist der Venushügel eine sehr erogene Zone. Vielleicht haben Sie das während der Berührungsübung selbst festgestellt.
4. Im nächsten Teil Ihrer Zeichnung sollten Sie sich auf die *labia majora*, die äußeren Schamlippen, konzentrieren. Das Wort »Lippen« ist ein wenig verwirrend, da die *labia majora* eher ein längliches Stück Fettgewebe sind, das auf beiden Seiten der Scham zu finden ist. Die äußeren Schamlippen sind meist mit Schamhaaren bedeckt und enthalten zahlreiche Drüsen zur Geruchsabsonderung. Es gibt allen Grund zur Annahme, dass diese Gerüche der sexuellen Stimulation dienen.
5. Anschließend zeichnen Sie die *labia minora*, die inneren Schamlippen. Diese Lippen sind manchmal in die äußeren Schamlippen eingeschlagen. Wenn Sie diese nicht sehen können, halten Sie die äußeren Lippen mit den Fingern ein wenig zur Seite. Die zwei dünnen Streifen Haut sind die

*labia minora.* Diese Schamlippen schützen die vaginale Öffnung, und sie haben die unterschiedlichsten Größen und Formen. Bei einigen Frauen sind sie nicht zu sehen, solange die äußeren Schamlippen nicht zur Seite geschoben werden. Bei anderen Frauen wiederum sind sie immer sichtbar und ragen unter den äußeren Lippen hervor. Die inneren Schamlippen ähneln oft einer Blüte (mich persönlich erinnern sie an Orchideen). Sowohl die äußeren als auch die inneren Schamlippen reagieren sehr sensibel auf Berührung und Druck.

6. Als Nächstes kommt die Klitoris an die Reihe. Die Klitoris ist der kleine hoch empfindliche »Knopf«, der ein wenig oberhalb der inneren Schamlippen unter einer Hautfalte liegt. Wenn Sie sexuell erregt sind, füllt sich die Klitoris mit Blut und ragt hervor, um stimuliert werden zu können. Es ist das gleiche Gefühl, das ein unbeschnittener Mann empfindet. Einige Frauen haben eine sehr kleine Klitoris, bei anderen wiederum ist sie so groß, dass sie immer zu sehen ist.

7. Schieben Sie die inneren Schamlippen mit Ihren Fingern auseinander und zeichnen Sie die Mündung Ihrer Harnröhre. Das ist das kleine mit einer Membran bedeckte Loch genau unterhalb Ihrer Klitoris. Die Harnröhre ist mit der Blase verbunden; durch diese kleine Öffnung tritt der Urin aus. Zwar ist die Harnröhre selbst kein Geschlechtsorgan, aber für viele Frauen ist das Streicheln oder Lecken der Harnöffnung besonders lustvoll.

8. Ebenso wie die Harnröhre liegt auch die vaginale Öffnung zwischen den beiden Lippen der *labia minora* — genau unterhalb der Harnröhre. Diese Öffnung kann zwischen weniger als einem Zentimeter und drei Zentimetern groß sein. Auf beiden Seiten Ihrer Vagina liegen die so genannten *Bartholindrüsen,* die Sie jedoch nicht sehen können. Im Zustand sexueller Erregung produzieren diese Drüsen eine kleine Menge Gleitmittel. Wie sieht die Öffnung Ihrer Vagina aus? Ist sie eher ein Schlitz? Ein Oval?

9. Das letzte Element Ihres anatomischen Stillebens ist das *perineum* — ein kleiner dammartiger und weicher Hautstreifen, der vom unteren Ende Ihres Schambereiches bis zum Anus verläuft. Auch wenn es streng genommen nicht zu den Geschlechtsorganen zählt, kann das Liebkosen, Lecken oder Streicheln dieses Bereichs sehr erregend sein.

Nun ist Ihr intimes Porträt komplett.

Indem Sie sich selbst mit den Augen eines Künstlers gesehen haben, fühlen Sie sich nun hoffentlich wohler in Ihrer Haut, können sich selbst mehr akzeptieren und die Ihnen eigene Schönheit wertschätzen. Mit Hilfe dieser Übung sollten Sie nicht nur die Namen Ihrer intimen Körperteile, sondern auch die Schönheit Ihres Schambereichs kennen lernen. Good Girls werden von klein auf dazu ermahnt, »die Beine schön brav zusammenzuhalten«. Bevor Sie jemandem Ihre Vagina mit Stolz präsentieren können, müssen Sie sich selbst mit ihr wohl fühlen. Männer finden Frauen mit einer gesunden Einstellung zu ihrer eigenen Sexualität unglaublich anziehend.

Also Schluss mit dem Verstecken, der Schüchternheit und dem Schamgefühl!

## Sie kommen auf Touren ...

Die ersten Schritte haben Sie getan – nun ist es Zeit für einen weiteren. Nach der sinnlichen Ganzkörperberührung gehen wir nun ein wenig mehr ins Detail.

Sie werden eine unglaubliche Empfindsamkeit und faszinierende Bandbreite der Stimulation und Erregung erfahren, wenn Sie die Zone, die Ihre Klitoris unmittelbar umgibt, massieren und liebkosen. Dabei gibt es nur zwei Regeln: Sie dürfen Ihre Klitoris nicht berühren und unter keinen Umständen zum Orgasmus kommen! Sinn dieser Übung ist, ohne direkten Kontakt ein neues Gefühl der Erregung, Stimulation und Erotik kennen zu lernen.

Das Spiel kann beginnen!

## ÜBUNG 3

### Die klitorale Uhr

Auch wenn es nicht unbedingt nötig ist, können Sie bei dieser Übung ein wenig Gleitmittel verwenden; unter Umständen steigert das Ihre Empfindungen. Verwöhnen Sie sich außerdem mit leiser Musik, Duftkerzen und gedämpftem Licht.

1. Legen Sie sich rücklings auf eine weiche und bequeme Unterlage. Wenn Sie Öl oder Gel verwenden, legen Sie ein Handtuch unter. Entspannen Sie sich. Atmen Sie einige Male tief durch und konzentrieren Sie sich dabei auf das Ausatmen.
2. Spreizen Sie die Beine. Führen Sie die Kuppen Ihrer beiden Mittelfinger mit einigem Druck durch das Schamhaar und halten Sie oberhalb der Klitoris inne. Diese Position beschreiben wir auf Ihrer klitoralen »Uhr« mit **12 Uhr**. Lassen Sie Ihre Finger dort eine Weile ruhen. Wie stark ist Ihre Erregung? Nicht erregt (Level 1)? Etwas erregt (Level 2)? Denken Sie daran, Ihre Klitoris *nicht* zu berühren. Sie ist bei dieser Übung absolut tabu.
3. Bewegen Sie Ihre Finger nun im Uhrzeigersinn weiter auf **1 Uhr**. Behalten Sie den Druck bei. Auch wenn es sehr verlockend ist, Finger weg von der Klitoris! Wenn Sie wollen, können Sie sich nach dieser Übung befriedigen. Im Moment jedoch wollen wir Ihre Klitoris reizen, indem wir nahe herankommen – aber eben nicht zu nah. Wie stark ist der Grad Ihrer Erregung?
4. Wandern Sie auf diese Weise im Uhrzeigersinn weiter, halten Sie bei 2, 3, 4, 5 Uhr usw. inne und merken Sie sich den jeweiligen Grad Ihrer Erregung. Umrunden Sie das Zifferblatt mehrere Male. Versuchen Sie, das Tempo und den Druck ihres »kleinen Zeigers« ein wenig zu variieren.

Diese Übung können Sie auch gemeinsam mit Ihrem Partner durchführen.

## Der Liebeskanal

Mittlerweile sind Sie bestens mit Ihren äußeren Genitalien vertraut. Entdecken Sie nun die Geheimnisse im Inneren Ihres Vaginalkanals. Es ist lange her, seit die Wissenschaftler Masters und Johnson in den 60er-Jahren fälschlicherweise die Behauptung aufstellten, Frauen könnten nur durch direkte Stimulation der Klitoris zum Orgasmus kommen. Inzwischen weiß man, dass es viele verschiedene Arten von Orgasmen gibt; bei den meisten Frauen kommt es auch zu einem nächtlichen Erguss – besser bekannt als »feuchter Traum« (ja, nicht nur die Männer sind hier die Glücklichen!). Verstehen Sie mich bitte nicht falsch – ich bin absolut *für* Orgasmen durch direkte Stimulation der Klitoris! Ich möchte nur, dass Sie auch all die anderen Möglichkeiten der körperlichen Lust kennen. Sie sollen diese Freuden genießen können, wann immer Sie wollen.

## Das fühlt sich toll an!

Sie kennen die Grundlagen und wissen, wie gut sich der Penis eines Mannes in Ihnen anfühlt. Vielleicht hatten Sie einige Male bereits einen vaginalen Orgasmus beim Geschlechtsverkehr. Aber haben Sie sich jemals darüber nachgedacht, warum Sie nicht *jedes Mal* beim Geschlechtsverkehr einen Orgasmus haben?

Die Antwort liegt wahrscheinlich wenige Zentimeter tief in Ihrer Vagina, ein wenig unter der Oberfläche – der so genannte G-Punkt. Sicher haben Sie schon einmal von diesem G-Punkt gehört (das G steht für Grafenberg; dieser Gynäkologe hat als Erster von der Existenz dieses Punktes berichtet). Dennoch halten viele Frauen den G-Punkt für einen Mythos – dabei ist er so echt wie die Nase in Ihrem Gesicht. Wenn Sie ihn erst einmal gefunden haben, wird er Ihnen sehr viel Freude bereiten.

# ÜBUNG 4

*Das ist der Punkt*

Wie immer brauchen Sie Ruhe – und saubere Hände. Damit Sie bei der Stimulation ganz entspannt sein können, sollten Sie vorher zur Toilette gehen.

Denken Sie bitte daran, dass diese Übung (wie viele andere in diesem Buch) Ihnen ein angenehmes Gefühl schenken soll. Sollte sich etwas unangenehm anfühlen, hören Sie bitte gleich auf! Auch wenn es vollkommen ungefährlich ist, den Finger in die Vagina einzuführen, sollten Sie immer auf Ihren Körper achten und seine Signale ernst nehmen.

1. Legen Sie sich auf den Rücken. Atmen Sie tief durch und entspannen Sie sich. Führen Sie Ihren Mittelfinger in Ihre Vagina ein (Vorsicht bei langen Fingernägeln). Ihr G-Punkt liegt an der oberen (vorderen) Vaginalwand. Um diesen Punkt ausfindig zu machen, krümmen Sie Ihren Finger ein wenig in Ihre Richtung, bis Sie den Knochen Ihres Schambeins unter der Haut und den Muskeln fühlen. Ihr G-Punkt liegt unter der Haut.
2. Reiben Sie Ihre Fingerkuppe sanft über diese Fläche. Bei einigen Frauen sind die Finger unter Umständen nicht lang genug, um in diese Tiefen Ihrer Vagina vorzudringen. Sollte das der Fall sein, würde ich Ihnen vorschlagen, sich einen leicht gebogenen Dildo zuzulegen. Sie werden es nicht bereuen!
3. Anfangs fühlt sich die Vaginalwand wohl noch ein bisschen rau an, sie wird jedoch durch die weitere Stimulation anschwellen und dadurch weich und gepolstert werden. Sollten Sie nach einigen Minuten noch keine Erregung empfinden, probieren Sie es an anderen Stellen Ihrer Vaginalwand. Ihr G-Punkt kann durchaus etwas höher oder tiefer liegen. Sie können auch einen zweiten Finger einführen, um mehr Druck auszuüben.
4. Beim Erkunden Ihrer Vagina stoßen Sie wahrscheinlich auf Ihren Muttermund, die *Cervix,* ganz oben an Ihrer Vaginalwand. Üben Sie mit Ihrem Finger doch einmal ein wenig Druck auf den Muttermund aus. Auch wenn manche Frauen beim Reiben des Muttermundes einen leichten Krampf verspüren, ist es für viele ein sehr angenehmes Gefühl.

124

5. Führen Sie Ihren Finger wieder an den G-Punkt. Achten Sie auf den Grad Ihrer Erregung. Erreichen Sie durch ständige Stimulation Level 2? Oder Level 3? Level 4?

6. Einige Frauen kommen durch Stimulation des G-Punkts zum Erguss. Es handelt sich dabei um eine Form des Orgasmus, bei dem die Frau aus der Vagina oder der Harnröhre buchstäblich ejakuliert. Diese Flüssigkeit (manchmal wird sie fälschlicherweise für Urin gehalten) ist klar und dem Samen eines Mannes ähnlich – natürlich aber ohne Sperma! Frauen empfinden diese Ejakulation als sehr lustvoll. Nicht alle Frauen ejakulieren, und nicht alle Frauen, die ejakulieren, tun es bei jedem Orgasmus. Es muss in Bezug auf die weibliche Ejakulation noch viel Forschungsarbeit geleistet werden; die Welt wartet mit Spannung auf Ihren Erfahrungsbericht!

*Anschlussübung 4*
Nach dieser Übung nehmen Sie sich am besten einige Minuten Zeit, um sich unter anderem folgende Fragen zu stellen und die Antworten in Ihrem Schreibheft zu notieren:

1. Welches Gefühl hatten Sie bei dieser intensiven Erkundung Ihrer Vagina?
2. Glauben Sie, jetzt mehr über Ihren Körper zu wissen?
3. Konnten Sie Ihren G-Punkt finden?
4. Wurden Sie durch die Massage des G-Punkts erregt?
5. Hatten Sie einen Orgasmus? Wenn ja, wie intensiv war er?
6. Hatten Sie eine Ejakulation? Wenn ja, wie fühlte sie sich an?

Machen Sie sich keine Sorgen, falls Sie Ihren G-Punkt nicht finden konnten, durch die Massage Ihrer Vaginalwand nicht erregt wurden oder überhaupt keinen Orgasmus hatten. Viele Frauen können Ihren G-Punkt nicht mit dem Finger erreichen und brauchen ein Sexspielzeug. Andere Frauen erkunden Ihren Intimbereich lieber mit einem Partner. Weiter hinten in diesem Buch finden Sie einige Stellungen für das Liebesspiel, die speziell dafür konzipiert wurden, die Stimulation Ihres G-Punkts durch den Penis des Mannes zu erleichtern. Sollten Sie Ihren G-Punkt während der Übung nicht gefunden haben, geben Sie bitte nicht auf! Manchmal sind eben einige Versuche und unterschiedliche Methoden notwendig.

## Sag mir deinen Namen, Fremder

Das Kennenlernen Ihres Körpers findet nicht nur auf der physischen, sondern auch auf der psychischen und psychologischen Ebene statt. Die nun folgende Übung soll Sie Ihrem Körper nun auch auf psychischer Ebene etwas näher bringen.

Obwohl wir natürlich wissen, dass der Duft der Rose nicht von ihrem Namen abhängt, ist das Wort »Vagina« wahrlich nicht gerade ein Kosename. Viele Frauen mögen das Wort »Muschi«, anderen ist es ein wenig zu intensiv. Ich habe absichtlich den Ausdruck Vagina häufig in diesem Kapitel verwendet, weil ich erreichen möchte, dass Frauen bei diesem Wort nicht zusammenzucken.

Der beste Weg zu einem innigeren Verhältnis zu Ihrer Vagina ist die Namensgebung. Schließlich geben Sie allem, was Ihnen wichtig ist, einen Namen, oder nicht? Sie benennen Ihren Hund, Ihre Katze, Ihren Goldfisch; manche von uns taufen ihr Auto oder sogar ihre Topfpflanzen! In einer Liebesbeziehung ersetzt ein Kosename häufig den eigentlichen Namen des Partners. Unter Umständen verwenden Sie seinen wirklichen Namen sogar nur dann, wenn Sie wegen irgendeiner Sache ärgerlich sind! Nun gut. Da dem so ist, können Sie auch Ihrer Vagina einen Namen geben. Schließlich haben Sie in letzter Zeit wunderbare Erlebnisse mit ihr gehabt und wissen sie nun noch mehr zu schätzen, nicht wahr?

In der nächsten Übung werden Sie sich ganz offiziell zu Ihrem Körper und Ihrer Vagina bekennen. Dieses Bekenntnis wird eine Art formelle Namensgebungszeremonie für Ihre Lustgrotte (na, wie klingt das?).

# ÜBUNG 5

*Ich taufe dich auf den Namen …*

Sorgen Sie für das richtige Ambiente. Zünden Sie Kerzen oder Räucherstäbchen an. Wählen Sie eine schöne Instrumentalmusik und lassen Sie sie leise im Hintergrund laufen.

1. Sie können sich im Schneidersitz auf den Boden setzen, auf einen Stuhl oder sich ins Bett zurückziehen. Wählen Sie die für Sie bequemste Position.
2. Schließen Sie Ihre Augen. Konzentrieren Sie sich auf Ihre Atmung. Dies ist ganz allein Ihre Zeit. Gönnen Sie sich einen Moment und seien Sie stolz auf das, was Sie bisher auf dem Weg zu einer entspannten Sexualität erreicht haben.
3. Machen Sie Ihren Kopf frei. Bitten Sie nun im Stillen darum, dass Ihnen der Name Ihrer Vagina offenbart werden möge. Wiederholen Sie diese Frage dreimal. Der Name kommt vielleicht ganz plötzlich wie aus dem Nichts, oder er erhebt sich mitten aus der Fülle an Namen, die Ihnen im Kopf herumgehen. Lassen Sie die Namen, die Sie zum Lachen bringen, vorbeiziehen – dies hier ist eine ernste Angelegenheit. Es besteht kein Grund, irgendetwas zu erzwingen. Vertrauen Sie darauf, dass Ihnen der richtige Name zum gegebenen Zeitpunkt bewusst wird. Dieser Prozess kann eine oder zwanzig Minuten dauern. Genießen Sie die Zeit!

   Sobald Ihnen der richtige Name bewusst geworden ist, sprechen Sie ihn dreimal aus.
4. Wie fühlen Sie sich jetzt? Anfangs kam Ihnen das alles vielleicht etwas albern vor, aber indem Sie Ihre Vagina bei ihrem richtigen Namen nennen, können Sie sich ihr voller Liebe und Respekt selbst nähern. Ein kleiner Tipp: Behalten Sie den Namen für sich. Als Geheimnis bleibt er etwas ganz Besonderes.

Ich habe Ihnen in diesem Kapitel viele neue Wege gezeigt, sich selbst zu berühren, zu stimulieren und zu erregen. Im nächsten Kapitel werde ich Ihnen zeigen, wie Sie Männer vor Lust um den Verstand bringen können!

# Bad Girls lieben es, zu verführen

Cynthia lebt seit fast sieben Jahren mit Kevin zusammen. Ungefähr einmal in der Woche schlafen die beiden miteinander. Cynthia signalisiert ohne Umschweife, wenn Sie Lust auf Sex hat: Sie legt sich einfach nackt ins Bett und wartet, bis Kevin es bemerkt. Manchmal merkt er es gleich; wenn er jedoch viel um die Ohren hat, kann es schon mal ein paar Minuten dauern. Dann aber kommen die beiden gleich zur Sache. Cynthia ist mit ihrem Sexleben nicht direkt unzufrieden, aber sie findet, dass das gewisse Etwas fehlt.

Cynthia ist eine leidenschaftliche Frau, aber sie weiß nicht, wie man Männer verführt. Bad Girls halten Verführung nicht für reine Männersache. Eine Frau, die einen Mann verführen kann, hat Macht – denn Verführung ist das Vorspiel für alles Weitere.

Verführung ist ein Spiel der Spannung und Erregung, bei dem Körperkontakt verständlicherweise eine große Rolle spielt. Verführung ist kein Spiel, bei dem man abwartet (abwartet, bis *er* damit beginnt), oder sich »bereitstellt« (wie Cynthia es praktiziert). Verführung ist ein Spiel der Lust – ohne Eile und Scheu. Bad Girls beherrschen dieses Spiel und genießen jeden Erfolg. Bad Girls scheuen sich nicht, Interesse zu zeigen, und wissen genau, wann die Ouvertüre vorbei ist und die Hauptvorstellung beginnt. Bad Girls haben keine Angst, den ersten Schritt zu tun und ihr Begehren offen zu zeigen, und so jeden Mann in ihren Bann zu ziehen.

Ich werde Ihnen in diesem Kapitel zeigen, wie Bad Girls das Spiel der Verführung spielen. Ob Sie nun schon seit Jahren mit jemandem zusammen sind oder ihn gestern Abend erst kennen gelernt haben: Scheuen Sie sich nicht, ihn hinzuhalten – wenigstens ein Weilchen. Die Macht der Verführung hat mit Spannung zu tun; und für diese Spannung müssen Sie sorgen.

## Wo Rauch ist, ist auch immer Feuer

Sex ist für mich unersetzlich, und trotzdem genieße ich das, was *vor* dem Sex kommt, beinahe ebenso sehr – die wunderbare Spannung zwischen einem Mann und einer Frau; das Verlangen, das Knistern, die Vorfreude. Verführung ist nichts weiter als das: Eine Person schafft eine Atmosphäre von sexueller Spannung, die sich dann auf alle Beteiligten überträgt. Am besten ist es, diese Spannung aufzubauen, ohne dass die betreffende Person etwas davon merkt. Leuchtet Ihnen das ein? Der Mann soll nicht wissen, dass er Opfer einer Verführung ist – er fühlt sich einfach nur zu seiner Verführerin hingezogen. Ist das Manipulation? Vielleicht, aber in bester Absicht. Schließlich spielen Sie nicht nur, sondern meinen es ernst. Übrigens fühlt sich ein Mann von einer gekonnten Verführerin nicht manipuliert, sondern begehrt. Alles, was er wissen muss, weiß er: Ganz plötzlich sind Sie sexuell auf gleicher Wellenlänge – Sie sind sich darüber einig, dass zwischen Ihnen beiden alles möglich ist. Wenn das unfaire Manipulation ist, erkläre ich mich gern für schuldig!

## Wie macht sie das?

Wie gelingt es einem Bad Girl, eine Atmosphäre von sexueller Spannung zu schaffen, ohne dabei ungeschickt zu wirken, sich unbehaglich zu fühlen oder ertappt zu werden?

- Sie erzeugt Vorfreude, eine Art erste Einladung, indem sie auf verführerische Weise ihren eigenen Körper berührt.
- Sie zeigt einem Mann ihre Schokoladenseite, indem sie seine Aufmerksamkeit gekonnt auf bestimmte Teile ihres Körpers lenkt. Diese Technik werde ich später noch genauer beschreiben.
- Sie bringt den Mann dazu, Blickkontakt mit ihr zu suchen.

- Sie weiß genau, wo und wie lange sie einen Mann berühren muss.

Und das ist noch lange nicht alles. Wenn die Jagd vorbei ist und ein Bad Girl sich hat fangen lassen (ha!), dann kann sie den Reiz der Verführung noch weiter aufrechterhalten – und zwar bis ins Schlafzimmer (oder in ein Zimmer ihrer Wahl!). Wir kommen im Laufe dieses Kapitels noch auf all das zu sprechen, aber zuerst muss ich einige Grundlagen erklären – sozusagen die Spielregeln.

*Spielregel Nr. 1: Eile mit Weile*
In unserer Kultur werden so viele Dinge in Eile erledigt. Wir essen schnell, fahren schnell, gehen und reden schnell. Wenn Sie aber als Verführerin erfolgreich sein wollen, dürfen Sie keine »sofortige Belohnung« erwarten. Lassen Sie sich Zeit. Wie eine majestätische Schlange, die ihre Beute hypnotisiert, weiß ein Bad Girl, dass ein von ihr verzauberter Mann sich nicht von der Stelle bewegen wird. Es besteht überhaupt kein Grund, sich zu beeilen. Im Gegenteil, plötzliche Bewegungen können den Bann lösen und die Stimmung verderben. Der erste Punkt, den Sie sich merken sollten, wenn Sie einen Mann verführen möchten, lautet: **Immer mit der Ruhe; ganz langsam und überlegt.**

*Spielregel Nr. 2: Honigsüß, nicht essigsauer*
Manche Frauen scheinen »verführerisch« mit »distanziert« gleichzusetzen. Lassen Sie mich Ihnen aufgrund meiner jahrelangen beruflichen und persönlichen Erfahrung sagen: Das ist absolut falsch! Man kann freundlich und verständnisvoll und gleichzeitig sexy, geheimnisvoll und verführerisch sein.
Diese charmante Kombination wirkt auf Männer äußerst anziehend (und unwiderstehlich). Sind Sie zu distanziert, hält man Sie entweder für unsicher oder unnahbar – beide Eigenschaften sind mit Sicherheit Verführungskiller. Schließlich

wollen Sie nicht nur erobert werden, sondern ihm nicht mehr aus dem Kopf gehen, unabhängig davon, wie oft Sie schon miteinander intim waren. Legen Sie also Ihre unterkühlte Fassade ab. **Seien Sie warmherzig; Vorsicht vor Unterkühlung.**

*Spielregel Nr. 3: Bad Girls gehen mit ihrer Macht nicht leichtfertig um*
Beherrschen Sie die Kunst der Verführung, kann es vorkommen, dass Sie Ihre Stärke unterschätzen und Ihren Charme und Ihre Aufmerksamkeit Männern schenken, von denen Sie besser die Finger lassen sollten. Ich rede von Ehemännern und Freunden Ihrer Freundinnen, männlichen Arbeitskollegen oder Ihren Angestellten. Finger weg! Bad Girls kennen Ihre Grenzen – sowohl im beruflichen als auch privaten Umfeld. **Üben Sie sich in Selbstkontrolle.**

So viel zu den Grundregeln. Kommen wir nun zu einigen neuen Tricks.

## Auf allen Kanälen

Hier ist nicht von Fernsehkanälen die Rede, sondern von Ihren Augen, Ihrem Mund, Ihrer Mimik, Ihrer Stimme und Ihrer Körpersprache – all das sind Kanäle.

Mit der Fernbedienung in der Hand kann man vom Sofa aus bequem durch sämtliche Kanäle zappen und mühelos zwischen Comedy, Spielfilmen oder Nachrichten wählen – je nach Lust und Laune. Ähnlich funktioniert es auch mit Ihren eigenen Kanälen – nur dass Sie in diesem Fall nicht der Zuschauer sind, sondern das Programm selbst bestimmen. Wenn Sie diese Technik beherrschen, können Sie die Aufmerksamkeit des Mannes spielend leicht mal auf Ihren Schmollmund, Ihre tiefgründigen Augen oder Ihr schönes Lächeln lenken.

*Nahaufnahme Ihrer feinsten Züge*

Anfangs lenken Sie lediglich seine Aufmerksamkeit auf bestimmte Teile Ihres Körpers, ermuntern ihn aber (noch!) nicht dazu, Sie zu berühren. Auf diese Weise können Sie den Mann ganz unbewusst und wirkungsvoll dazu bringen, in Gedanken bereits eine intime Beziehung zu Ihnen aufzubauen.

Sprechen wir als Erstes über Ihren wichtigsten Kanal: Ihre Augen.

Stellen Sie sich nun vor einen gut beleuchteten Spiegel und konzentrieren Sie sich auf Ihr Gesicht.

**Ihre Augen sind wunderschön.** Vielleicht glauben Sie das im Moment nicht. Gut, aber wenn wir am Ende dieses Buches angelangt sind, werden Ihre Augen auch ohne Make-up Ihr größter Schatz sein. Stellen Sie sich einfach vor, Sie hätten die blauen Augen von Elisabeth Taylor oder einer anderen Schönheit.

**Schauen Sie sich in die Augen.** Stellen Sie sich dabei vor, dass alle Welt von Ihren Augen begeistert ist. Sie sind sich bewusst, dass jeder, den Ihr Blick trifft, beeindruckt ist.

**Ihre Augen strahlen wie die Sonne.** Wenn Ihre Augen die Kraft der Sonne hätten, würden Sie zu langen Blickkontakt vermeiden, um niemanden zu blenden. Üben Sie diese Art der Blickkontrolle vor dem Spiegel.

Wenn Sie diese Regeln befolgen, werden zwei Dinge passieren: Zum einen wird jeder Ihre Augen schön finden und zum anderen werden Männer sich nach Ihren Blicken verzehren.

*Einfach zum Küssen*

Schalten wir nun um auf den zweiten Kanal: Ihren Mund. Schauen Sie dabei wieder in den Spiegel und betrachten Sie Ihren Mund eine Weile. Wie sieht ein verführerischer Mund aus? Sieht er nicht immer so aus, als bettle er um einen Kuss? Wie sieht Ihr Mund kurz vor einem Kuss aus? Die Lippen geschürzt, der Mund ein wenig offen. Bad Girls wecken in jedem Mann das Verlangen nach einem Kuss.

Hier sind einige Tricks, um Ihren Mund zum verführerischsten Kussmund der Welt zu machen:

**Sie haben den schönsten Mund und die verführerischsten Lippen der Welt.** Sie müssen einfach nur daran glauben, dann werden Sie Ihren Mund auch entsprechend präsentieren.

**Denken Sie ans Küssen.** Schluss mit schmalen, verkniffenen Lippen und verkrampftem Mund! Ein Bad Girl kann jederzeit die Lippen schürzen – auch ohne Collagen-Spritzen. Denken Sie einfach immer daran, Ihren Mund und Ihre Lippen zu entspannen. Betrachten Sie Ihren Mund im Spiegel: Ist er zum Küssen bereit? Durch zu viel Anspannung wirken Sie verkniffen.

**Vergessen Sie beim nächsten Gesichtspeeling Ihre Lippen nicht.** Durch das Rubbeln werden abgestorbene Hautpartikel entfernt. Außerdem steigert es die Blutzirkulation, und Ihre Lippen werden dadurch ein wenig voller.

**Halten Sie Ihre Lippen feucht und geschmeidig.** Ein Lippenstift mit reinem Vitamin E oder jeder andere Lippenbalsam sorgen für unwiderstehliche Lippen. Durch ein wissenschaftliches Wunder gibt es mittlerweile sogar schon Lippenstifte, die Ihre Lippen vorübergehend »aufblasen«.

**Übung macht den Meister.** Betrachten Sie Ihren Spiegel als Freund und nicht als Grund für ständige Selbstkritik. Üben Sie zu Hause so lange, die Muskeln Ihres Mundes zu entspannen, die Lippen leicht zu öffnen, einen Schmollmund zu machen, bis Sie diese verführerische Mimik ganz beruhigt in Ihr Repertoire übernehmen können.

*Nun zum Gesicht ...*

Das dritte »Medium« der nonverbalen Kommunikation ist der Gesichtsausdruck. Machen Sie sich bewusst, dass Ihr Gesichtsausdruck Ihre Gefühle und Gedanken widerspiegelt. Wenn Ihre Gedanken nicht erotisch sind, können Ihre Worte noch so verführerisch sein – Sie sehen trotzdem nicht sexy aus.

*Alle drei im Einsatz*
Ihre Augen, Ihr Mund und Ihr Gesichtsausdruck sind die drei mächtigsten nonverbalen Kanäle; wenn Sie sich dessen bewusst sind, können Sie diese Kanäle zu Ihrem Vorteil einsetzen. Jede Begegnung mit dem Objekt Ihrer Begierde ist eine Gelegenheit, um ihm einen kleinen Vorgeschmack auf Ihre Stärken zu geben. Da Sie natürlich die Aufmerksamkeit nicht auf alle drei Kanäle gleichzeitig lenken können, werden Sie zwischen ihnen hin und her schalten. Das garantiert Ihnen, dass ihm keiner Ihrer Vorzüge entgeht.

Wenn Sie Fahrradfahren lernen, wechselt Ihre Aufmerksamkeit ständig zwischen den drei wichtigsten Elementen hin und her: Gleichgewicht halten, treten, lenken. Es dauert eine Weile, bis man das in den Griff bekommt. Genauso müssen Sie auch das sinnliche Verführen Schritt für Schritt erlernen. Ein Spiegel ist dabei ein praktisches Hilfsmittel. Sobald Sie die einzelnen Elemente unter Kontrolle haben, können Sie mit der Koordination aller drei Kanäle beginnen. Sind Sie nun bereit für den Fortgeschrittenenkurs? Den Kurs nur für Erwachsene?

## Anfassen erlaubt!

Bestimmt haben Sie es schon tausendfach gesehen, ohne es richtig wahrzunehmen – das sinnliche Berühren des eigenen Körpers. Es ist eine großartige Verführungstaktik, die ganz unauffällig funktioniert. Ein gutes Beispiel dafür bietet Marilyn

Monroe in dem Film *Das verflixte siebte Jahr*. Sollten Sie den
Film nicht kennen, reicht es zu wissen, dass er in New York
während einer Hitzewelle spielt. Marilyn bewohnt die Woh-
nung über einem Mann, dessen Frau über das Wochenende
verreist ist. Die beiden begegnen sich im Hausflur, und er lädt
sie spontan ein, sich vor seiner Klimaanlage ein wenig abzu-
kühlen.

Die kalte Luft verursacht Marilyn so angenehme Gefühle,
dass sie nicht widerstehen kann, ihren Hals zu berühren, ihren Nacken, ihre Schultern und Ohren. Tom Ewell, dem Nachbarn, verschlägt es vorübergehend die Sprache, so gebannt verfolgt er jede ihrer Bewegungen. Warum es ihm die Sprache ver-
schlagen hat? Weil er sich vorstellt, selbst all die Stellen anzufassen und zu küssen.

Das ist das ganze Geheimnis, und es gibt kein besseres Beispiel als diese Szene aus *Das verflixte siebte Jahr*. Denken Sie
nur, wie viele weitere Kanäle Sie dadurch in Ihr Repertoire
aufnehmen können! Jede Berührung muss natürlich und zufällig wirken. Wenn Sie sich mit einem attraktiven Mann unterhalten, dann berühren Sie sich nur, während er spricht,
und nicht während *Sie* sprechen, sonst wirken Sie selbstver-
liebt. Im Beisein anderer Menschen oder bei einer großen Fei-
er gilt der Grundsatz »Weniger ist mehr«. Verstanden? Gut.
Dann verlassen wir nun die Welt des Films und sehen uns an,
wie Sie diese sinnliche Art der Verführung im Alltag umsetzen
können.

*Die passende Gelegenheit*

Auf einer Party unterhalten Sie sich angeregt und interessiert
mit einem Mann, den Sie gerne näher kennen lernen möchten. Schauen Sie ihm, während er spricht, in die Augen und
fahren Sie sich dreimal sanft mit dem Ringfinger Ihrer rechten
Hand über Ihr linkes Schlüsselbein. Danach lassen Sie Ihre
Hand dort ruhen.

Er sieht nicht nur gut aus, sondern hat auch noch Humor. Während Sie lachen:

- werfen Sie Ihren Kopf leicht in den Nacken und legen Ihre Fingerspitzen sanft auf Ihre Kehle. Dann gleiten Ihre Finger langsam in Richtung Dekolleté und bleiben knapp unterhalb des Schlüsselbeins liegen. Solange er spricht, können Sie Ihre Hand dort lassen, aber wenn Sie beginnen zu reden, nehmen Sie Ihre Hand weg.

Nun ist er wieder an der Reihe. Er erzählt, dass er für sein Leben gern segelt. Während Sie ihm zuhören:

- streichen Sie sanft mit Ihrem Zeigefinger über Ihre Unterlippe. Schauen Sie ihm tief in die Augen und lächeln Sie.

Welche Macht diese kleinen Gesten doch haben! Wäre er kein erwachsener Mann, könnte er einem beinahe Leid tun, so hilflos ist er Ihnen ausgeliefert. Er weiß überhaupt nicht, wie ihm geschieht, aber er findet es aufregend!

Diese winzigen Berührungen wirken nicht nur unter vier Augen höchst hypnotisch, sondern auch auf etwas weitere Entfernung. In einem gut besuchten Restaurant, während einer Konferenz oder quer durch ein ganzes Fitnessstudio behalten verführerische Gesten ihre Wirkung. Sobald er Sie bemerkt hat, spielt die Zahl der anwesenden Menschen keine Rolle mehr – er hat nur noch Augen für Sie. Auch hier kann es nicht schaden, die Technik des Berührens ein wenig zu üben, bevor Sie in die Öffentlichkeit gehen. Schließlich wollen Sie den Mann ja nicht erschrecken. Indem Sie Ihren persönlichen Stil zu Hause vor dem Spiegel perfektionieren, bekommen Sie das nötige Selbstvertrauen, um Ihre Verführungskünste öffentlich erfolgreich unter Beweis zu stellen.

## Die Drei-Sekunden-Berührung

Sie wissen jetzt, wann und wo Sie sich selbst berühren können. Wie aber sieht es mit *ihm* aus? Merken Sie sich: Wenn Sie einen Mann verführen, sollten Sie ihn unbedingt ein- oder zweimal während der Unterhaltung berühren. Teilen Sie sich diese Kontakte je nach Dauer der Unterhaltung gut ein. Es ist zwar nur eine Berührung, aber sie deutet eine spätere intime Verbindung an und baut eine gewisse Nähe zwischen Ihnen auf.

Wenn Sie ganz vorsichtig körperlichen Kontakt zu einem Mann herstellen, öffnen Sie ihm sozusagen die Tür. Diese Berührungen sollen auf keinen Fall wie plumpe oder geplante Anmache aussehen, sondern spontan, überzeugend und aufrichtig wirken.

### Der richtige Zeitpunkt

Während einer Unterhaltung berühren Sie einen Mann am besten,
* wenn er Sie zum Lachen bringt,
* wenn Sie ihm bei etwas zustimmen,
* wenn er etwas Überraschendes sagt,
* wenn Ihre Unterhaltung sich dem Ende zuneigt.

### Der richtige Ort

Wenn Sie einen Mann verführen wollen, ist es nicht nur wichtig, wann Sie ihn berühren, sondern auch *wo*. Berühren Sie ihn zu vertraut, hält er Sie für aufdringlich. Folgende Stellen sind während der ersten Unterhaltung absolut tabu: Hals, Gesicht, Brust und Beine. Berühren Sie ihn nur am Arm oder an der Hand.

## Die Art der Berührung

Berühren Sie ihn nur ganz leicht mit den Fingerspitzen. Grapschen und fummeln Sie nicht. Schlagen ist unreif.

Der Körperkontakt sollte *nicht länger* und *nicht kürzer* als *drei Sekunden* sein. Dauert er länger, kann es abstoßend wirken; dauert er kürzer, sieht es unabsichtlich aus und hinterlässt keinen Eindruck. Die Drei-Sekunden-Berührung ist das einzig Wahre.

## »Ich hätte gerne die gemischte Platte ...«

Wenn Sie also all ihre unterschiedlichen Kanäle einsetzen, sich selbst gekonnt berühren und dem Mann mit Hilfe der Drei-Sekunden-Berührung die richtigen Signale senden, sind Sie auf dem besten Weg, eine gewöhnliche Unterhaltung zu einem aufregenden Bad-Girl-Erlebnis werden zu lassen. Anfangs sind diese Techniken für Sie noch ein wenig ungewohnt, aber im Laufe der Zeit werden Sie ganz natürlich Ihr Interesse an einem Mann bekunden können. Außerdem sind diese Techniken nicht nur hervorragend für ein erstes Date geeignet, sondern auch, wenn Sie und Ihr Liebster sich schon eine Weile kennen. Nur weil Sie Ihren Traummann schon gefunden haben, heißt das noch lange nicht, dass er keinen Sinn für diese Verführungskünste hätte. Diese Techniken funktionieren immer – sie haben kein Verfallsdatum und sind ein wirksames Mittel, um neuen Schwung in eine Beziehung zu bringen. Probieren Sie es aus!

Genug geredet. Was machen Sie, wenn der Mann, dem Sie nach allen Regeln der Kunst den Kopf verdreht haben, schließlich mit einem Strauß Rosen bei Ihnen vor der Tür steht? Oder wenn Ihre Verführungskünste Ihren langjährigen Partner zu neuem Leben erwecken (auch dann kann es für Sie noch Rosen geben)?

## Verführung für Fortgeschrittene

Wenn Sie durch all Ihre Verführungskünste erfolgreich das Eis gebrochen haben und aus einer Bekanntschaft eine intime Beziehung geworden ist, steht Ihnen eine noch größere Auswahl an Verführungstechniken zur Verfügung.

Vorab sollten Sie jedoch noch Ihre Einstellung zur Verführung überdenken. Im Laufe der Zeit hat das Verführen einen schlechten Ruf bekommen. Während meiner Jugend galt man als Verführerin schnell als »Schlampe«. Nun, die Zeiten haben sich glücklicherweise geändert. Sie sollten jedoch alles, was Sie tun, ernst meinen, denn Sie geben Ihrem Gegenüber einen Vorgeschmack auf Sex.

## Aufgepasst: Bad Girls nehmen Sex ernst

Allison möchte heute Abend mit ihrem Mann schlafen und sorgt für eine romantische Atmosphäre. Sie zündet im Schlafzimmer eine Kerze an, spielt leise Musik und trägt ein hauchdünnes und durchsichtiges Nachthemd, das sie extra für diesen Anlass gekauft hat. Als sie sich im Spiegel sieht, kommen ihr sofort Zweifel, ob sie diese Verführung ernsthaft durchführen kann. Als sie ins Schlafzimmer zurückkommt, um ihre Neuerwerbung vorzuführen, witzelt sie gleich über ihr Gewicht. Ihr Mann versucht, die verführerische Stimmung zu retten und sagt: »Ich will dich.« Allison antwortet: »Ich will dich auch«, kann aber den Satz nicht zu Ende führen, ohne zu lachen. Schließlich schlafen die beiden zwar miteinander, aber die erotische Atmosphäre ist dahin. Warum? Weil Allison Schwierigkeiten hat, ihre Verführungskünste ernsthaft einzusetzen. Allisons Ehemann liebt seine Frau, aber ihre widersprüchlichen Signale sind für ihn verwirrend.

Wenn Sie eine Meisterin der Verführungskünste werden wollen, müssen Sie Sex ernst nehmen. Bad Girls spielen die Rolle der Verführerin oder des Luders nicht, sie *verkörpern* diese Rolle. Wenn sie sexy Kleidung tragen, gibt es dafür einen Grund. Wenn sie Sex fordern, gibt es kein Zurück. Wenn sie verführerisch sind, wird nicht gekichert. Natürlich lachen und scherzen sie im Bett – aber nicht weil sie nervös sind, sondern locker und gelöst.

Es wird nicht immer einfach sein, die nun folgenden Verführungsstrategien einzusetzen – Sie werden womöglich erröten oder weiche Knie bekommen. Das können Sie vermeiden, indem Sie Ihren Text, Ihre Gesten und Ihr Verhalten so lange vor dem Spiegel üben, bis Sie sich sicher fühlen.

## Wie wird man eine gute Verführerin?

Ich betrachte die Verführung als ein niveauvolles Spiel für Erwachsene, das für alle Beteiligten dann am aufregendsten ist, wenn man einige Grundregeln beachtet. Die goldene Regel habe ich Ihnen vorher bereits verraten: Schluss mit dem Kichern. Es gibt aber noch eine ganze Reihe von Dingen, die Sie im Hinterkopf behalten sollten.

*Halten Sie, was Sie versprechen:* Sagen und versprechen Sie nichts, das Sie nicht auch tun wollen. Auch wenn es sexy klingt und aufregend ist, wird eine leere Versprechung Ihren Partner sehr enttäuschen. Verweigern Sie sich zu oft, wird der Mann zu Recht ärgerlich. Eine gute Verführerin hält ihr Wort.

*Haben Sie Sinn für Humor:* Auch wenn es sich paradox anhört, Verführung ist Spiel und Ernst in einem – sie muss keine todernste Angelegenheit sein. Seien Sie nicht zu verbissen auf Ihre Verführungskünste konzentriert und lassen Sie Raum für Spontanität und Witz.

*Übertreiben Sie es nicht:* Achten Sie darauf, nicht zu viel des Guten zu wollen. Verwenden Sie Ihre Verführungskünste wie ein exotisches Gewürz: Weniger ist mehr. Es besteht kein Grund, alle Tricks an einem Nachmittag oder innerhalb einer Woche anzuwenden.

## Verführung für Fortgeschrittene: Tipp 1

*»Wir sehen uns später!«*

Diese kleinen Dinge dauern nicht lange, sind eindeutig und wirkungsvoll. Sie eignen sich besonders für den Morgen, denn Sie gewinnen die Aufmerksamkeit Ihres Liebsten schnell und geben ihm ein Hirngespinst mit auf den Weg, an dem er den ganzen Tag seine Freude haben wird.

Wählen Sie einfach die Variante aus, die Ihnen am besten gefällt; oder Sie lassen sich inspirieren und denken sich selbst etwas aus.

### Ein flinker Zungenkuss
Anstatt sich wie gewöhnlich mit einem flüchtigen Kuss von Ihrem Partner zu verabschieden, lassen Sie Ihre Zunge kurz in seinen Mund gleiten und küssen ihn intensiv. Anschließend knabbern Sie an seinem Ohrläppchen, kneifen ihn in den Po und flüstern: »Wir sehen uns später«. An diesem Abend kommt er mit Sicherheit pünktlich aus dem Büro.

### Greifen Sie zu!
Bei dieser Variante schleichen Sie sich von hinten an, wenn er sich die Zähne putzt oder sich vor dem Spiegel anzieht. Umarmen Sie ihn fest von hinten und legen Sie Ihre Hand zwischen seine Beine. Streicheln und massieren Sie ihn so lange, bis Sie eine Reaktion spüren — dann hören Sie auf. Mit einem kurzen »Wir sehen uns später« sind Sie auch schon verschwunden.

### Gib mir die Hand
Nehmen Sie die Hand Ihres Partners in Ihre beiden Hände. Küssen Sie seine Handfläche und streicheln Sie mit seiner Hand über Ihr Gesicht. Schließen Sie die Augen und berühren Sie mit seiner Hand Ihren Hals, Ihre Brüste, Ihren Bauch. Sollten Sie einen Rock tragen, führen Sie seine Hand Ihre Schenkel entlang. Danach nehmen Sie seine Finger in den Mund, sehen ihm in die Augen und sagen: »Wir sehen uns später.«

*Ein kurzer Kuss auf sein wertvollstes Stück*

Beginnen Sie mit den Worten: »Komm her, ich möchte dir etwas geben.« Öffnen Sie ihm wortlos Gürtel und Reißverschluss und umschließen Sie sein bestes Stück mit Ihren Lippen. Fünfzehn Sekunden sollten genügen, um sein Blut in Wallung zu bringen und ihm ein wohliges Stöhnen zu entlocken. In diesem Moment hören Sie auf. Verabschieden Sie sich mit den Worten: »Wir sehen uns später.«

Was mag Ihr Partner im Bett am liebsten? Geben Sie ihm darauf einen kleinen Vorgeschmack – nicht zu viel, nur einen kleinen Appetitanreger, denn den Rest bekommt er später bei Ihrem Wiedersehen.

## Verführung für Fortgeschrittene: Tipp 2

### Ein Anruf am Mittag

Ein erotischer Anruf kann das Highlight im Alltag Ihres Liebsten sein! Wenn Ihnen diese Variante gefällt, habe ich hier einige Vorschläge:

1. »Ich rufe nur an, um dir zu sagen, dass ich heute keine Unterwäsche trage und dauernd daran denken muss, wie du dich zwischen meinen nackten Schenkeln anfühlst.«
2. »Ich warte nach der Arbeit zu Hause auf dich. Du kannst mich nicht übersehen. Ich liege in deinem Bett – ganz ohne Unterwäsche.«
3. »Ich wurde bei dem Gedanken an letzte Nacht so erregt, dass ich mich selbst befriedigt habe. Heute Nacht hätte ich gerne mehr. Ich brauche dich.«

Beschreiben Sie Ihrem Partner Ihre Phantasien so ausführlich, wie es Ihnen lieb ist. Wenn es schließlich Abend wird, lösen Sie gemeinsam Ihr Versprechen ein.

## Verführung für Fortgeschrittene: Tipp 3

### Lassen Sie die Hüllen fallen

Der Tag geht zu Ende, Ihre Verführungskünste waren erfolgreich und Sie haben Ihren Liebhaber genau da, wo Sie ihn haben möchten – im Bett. Allerdings wollen Sie beide dieses sinnliche Spiel noch längst nicht beenden. Was macht ein Bad Girl in so einer Situation? Strippen! Sollten Sie zuvor noch nie gestrippt haben, üben Sie am besten so lange vor dem Spiegel, bis Sie Ihre Scheu überwunden haben.

*Alles muss runter*
Für einen Strip brauchen Sie unbedingt eine stimmungsvolle Atmosphäre: schöne Musik, sanftes Licht, duftende Kerzen. Ziehen Sie etwas an, in dem Sie sich sexy fühlen und das aus mehreren Teilen besteht, die sich gut ausziehen lassen. Ihr Partner soll sich entspannt zurücklehnen und einfach nur genießen. Lassen Sie sich vom Rhythmus der Musik führen, und denken Sie immer daran, sich langsam zu bewegen. Wiegen Sie Ihre Hüften sacht hin und her. Schließen Sie ab und zu die Augen, halten Sie ansonsten aber möglichst viel Blickkontakt mit ihm. Lassen Sie sich mit jedem Knopf, jedem Reißverschluss und jedem Häkchen viel Zeit.

Fahren Sie langsam die Konturen Ihrer Brüste, Ihres Oberkörpers und Ihrer Hüften nach. Strecken Sie einen Arm nach vorne, während Sie mit dem anderen Handrücken sacht über die Innenseite des Armes streichen. Werfen Sie ihm jedes abgelegte Kleidungsstück zu und schenken Sie ihm verführerische Blicke über die Schulter, wenn Sie schließlich BH und Slip ausziehen. Kreisen und wiegen Sie weiterhin Ihre Hüften. Wenn Sie vollkommen nackt sind, gehen Sie langsam zu ihm ins Bett.

Nach dem ersten erfolgreichen Strip werden Sie sich mit Sicherheit nie mehr so wie früher entkleiden, denn schließlich wissen Sie nun, welche Macht Ihre Kleidungsstücke und Ihre Bewegungen haben.

## Verführung für Fortgeschrittene: Tipp 4

### Verführung hautnah

Da Sie für Ihren Partner nun endlich in greifbarer Nähe sind, fällt er womöglich über Sie her – aber Sie sind mit Ihren Verführungskünsten noch nicht ganz am Ende. Jetzt ist es Zeit, Hand anzulegen: *Ihre* Hände auf *seinem* Körper – Zeit für eine ganz besondere Massage.

Erinnern Sie sich an die Übung, bei der Sie Ihren ganzen Körper gestreichelt haben – außer Ihrer Klitoris? Bei Ihrem Partner können Sie es genauso machen. Stellen Sie sich ein Diagramm aus Pfeilen vor, deren Spitzen alle auf die Mitte – sein sexuelles Zentrum – zeigen. Massieren Sie also in Richtung Penis. Was aber werden Sie bestimmt nicht tun? Sie werden seinen Penis nicht ein einziges Mal berühren! Noch nicht.

Wird er betteln? Wahrscheinlich. Wird er stöhnen? Mit ziemlicher Sicherheit. Aber Sie geben nicht nach – denn Sie sind ein Bad Girl.

## Verführung für Fortgeschrittene: Tipp 5

### Jetzt wird's heiß

Nachdem Sie Ihren Partner nun nach allen Regeln der Kunst verführt haben und er um Erlösung bettelt, ist es an der Zeit, ihn von seinen Qualen zu erlösen – aber ganz nach Art der Bad Girls:

1. Verwenden Sie die gleiche Massagetechnik wie bei Tipp 4, bis Ihr Liebster den Höhepunkt seines Verlangens erreicht.
2. Ziehen Sie Ihren Slip aus (wenn Sie das nicht schon längst getan haben) und knien Sie sich mit gespreizten Beinen direkt über ihn.
3. Nehmen Sie seinen Penis in die Hand und senken Sie Ihren Körper, bis Sie nahe genug sind, um seinen Penis an Ihrer Vagina zu reiben. Der Penis ist dabei Ihr persönliches Spielzeug, mit dem Sie Ihre Klitoris stimulieren. Sie sollen Ihren Partner noch nicht mit der Hand befriedigen oder ihn in Sie eindringen lassen – im Moment dient sein Penis ausschließlich Ihrem eigenen Vergnügen. Wenn Sie dabei zum Orgasmus kommen, umso besser.

4. Wenn Sie sich ausreichend selbst befriedigt haben, senken Sie sich ganz langsam so weit nach unten, bis er in Sie eindringen kann. Seien Sie nicht überrascht, wenn er sofort kommt, schließlich haben Sie ihn ja bis auf das Äußerste gereizt. Wundern Sie sich auch nicht, wenn er nicht der Einzige ist, der unmittelbar reagiert, denn all Ihre Verführungskünste haben selbstverständlich auch eine magische Wirkung auf Sie!

Wie Sie mit Sicherheit schon herausgefunden haben, erregt das Verführen den Verführer genauso wie den Verführten. Am schönsten ist es, wenn beide Beteiligten an den Rand des Orgasmus gebracht werden. Kunstvolle Verführung ist Ausdruck echter Gefühle; sie braucht Zeit und Ausdauer und zeigt Ihrem Partner, dass Sie ihn genug schätzen, um ihn kreativ und einfallsreich zu erregen.

# Bad Girls genießen den Höhepunkt

Amanda und Alan lieben sich mindestens zweimal in der Woche; allerdings kommt Amanda höchstens ein- bis zweimal im Monat zum Höhepunkt. Manchmal täuscht sie einen Orgasmus vor. Ein anderes Mal beteuert sie: »Alan, es ist alles in Ordnung ... wirklich.«

Hin und wieder führt sie die Sache selbst zu Ende, indem sie still und leise masturbiert, nachdem Alan eingeschlafen ist. Amanda braucht das Gefühl der Nähe zu ihrem Partner, und würde deshalb gerne häufiger gemeinsam mit ihm zum Höhepunkt kommen, aber so einfach ist das nicht für sie. Alan kann ihr sexuelles Verlangen nur schwer einschätzen, und Amanda stellt ihre eigenen Bedürfnisse stets hinten an, sobald es schwierig oder anstrengend wird.

Kommt Ihnen das bekannt vor? Viele Good Girls erzählen ihrem Partner, der Orgasmus sei nicht so wichtig – aus Rücksicht auf sein Ego oder aus Angst, zu viel von ihm zu verlangen. Einige von uns glauben dieses Märchen mittlerweile sogar selbst. Sagen Sie einem Mann einmal, sein Orgasmus sei nebensächlich, und beobachten Sie dann seine Reaktion! Ihr Orgasmus ist wichtig. Sogar sehr wichtig.

Deshalb ist dieses Kapitel Ihrem Orgasmus gewidmet. Wir werden über die Rolle Ihres Partners und über Stellungen reden, die Ihren Orgasmus intensivieren.

Sie müssen keinen Orgasmus vortäuschen. Sie müssen ihn erleben.

Zum Höhepunkt kommen, den Gipfel erklimmen, einen Orgasmus erleben – nennen Sie es, wie Sie wollen: Seit 30 Jahren ist das Bestreben nach erfüllenden Orgasmen unter modernen Frauen kein Tabuthema mehr. Wie aber steht es wirklich um unsere Orgasmen? Wie viele von Ihnen erleben wie Amanda nur seltene und unbefriedigende Höhepunkte? Sind Sie es nicht leid? Würden Sie nicht gerne bei jedem Sex einen atemberaubenden, gigantischen und einmaligen Orgasmus haben, ganz unabhängig von den Fähigkeiten Ihres Liebhabers?

Hier ist die gute Nachricht: Sie können regelmäßige und intensive Orgasmen erleben, wenn Sie einige simple Dinge lernen. Zunächst aber noch zwei wichtige Fragen: Glauben Sie, dass Sie beim Sex jedes Mal das Recht auf einen Orgasmus haben? Glauben Sie wirklich, dass Ihnen diese Art von Erfüllung zusteht? Beantworten Sie diese Fragen bitte unbedingt ehrlich, denn nur wenn Ihre Antwort »Ja« lautet, werden Sie sich auch die Mühe machen, die entsprechenden Übungen auszuführen. Lesen Sie nun den folgenden Abschnitt laut und schreiben Sie ihn in Ihr Bad-Girl-Tagebuch, damit Sie ihn nie mehr vergessen.

*Von nun an werde ich alle sexuellen Freuden ausschöpfen, die mein Körper mir schenken kann. Ich weiß jetzt, dass mir die atemberaubendsten Orgasmen zustehen, und ich heiße diese Freuden in meinem Leben willkommen. Ich habe diese Erfüllung meiner sexuellen Bedürfnisse verdient. Es ist für mich selbstverständlich, diese Freuden bei jedem sexuellen Erlebnis zu genießen. Ich bin gewillt, alles Nötige zu unternehmen, um meinen eigenen Körper unter Kontrolle zu haben, so dass ich ultimative sexuelle Lust empfinden kann. Ich werde von nun an alles genießen, was das Leben zu bieten hat, einschließlich unglaublicher Orgasmen.*

Mittlerweile haben Sie schon große Fortschritte gemacht und sich von den letzten »Resten« Ihres Good Girls verabschiedet. In Kürze werden Sie eine wahre Expertin in Sachen Sex sein; nicht nur in Bezug auf Ihre Orgasmen, sondern auch auf die Ihres Partners. Er wird diese Fähigkeit an Ihnen lieben, Ihre Freunde werden Sie darum beneiden und Sie selbst werden sich ein Leben ohne diese Fähigkeit nicht mehr vorstellen können.

## Ich komme!

Es gibt zwei Techniken, mit deren Hilfe Sie Ihre sexuelle Erregung kontrolliert steigern oder auf gleichem Niveau halten können, so dass Sie am Ende automatisch zum Orgasmus kommen. Außerdem werden Sie durch diese Techniken besser mit Ihren eigenen sexuellen Empfindungen vertraut und können Ihre sexuellen Erlebnisse entscheidend beeinflussen. Im Wesentlichen bestehen diese Techniken aus zwei Komponenten: der Berührung des Körpers und Atemtechnik.

### Steigern Sie Ihre Erregung

Es wird Ihnen nicht bewusst sein, aber Sie haben bereits während einer vorangegangenen Übung eine abgeschwächte Variante der Erregungssteigerung ausgeführt – als Sie sich selbst sinnlich berühren sollten, um ein besseres Körpergefühl zu erlangen (siehe Übung 1, Kapitel 6). Der Grad Ihrer Erregung wurde mit einer Skala von 1 bis 4 gemessen: Level 1 bedeutete eine sehr schwache Erregung, Level 4 sehr starke Erregung. Bei dieser Übung streichelten Sie sich am ganzen Körper, vermieden aber absichtlich eine direkte und intensive Stimulation.

Jetzt drehen wir den Spieß um. Sie werden diesmal Ihre Erregung absichtlich steigern und deshalb *nur* Ihre Klitoris und den Genitalbereich streicheln. Anstatt direkte Stimulation zu vermeiden, lernen Sie durch diese Übung, die Stärke Ihrer Erregung selbst zu bestimmen. Nur so können Sie anhaltende und wirklich intensive Orgasmen erleben.

Vielleicht hört sich das anfangs alles ein wenig kompliziert an – immerhin sollen Sie Ihren Orgasmus auf eine etwas unromantische Art herbeiführen. Aber bereits nach kurzer Zeit wird dieses Gefühl vergehen und Sie werden merken, dass Ihre Orgasmen intensiver, lang anhaltender und häufiger werden.

Die Übung wird Ihnen leichter fallen, wenn Sie entspannt und ungestresst sind. Gönnen Sie sich also ein gemütliches Essen oder ein beruhigendes Bad. Nehmen Sie sich mindestens eine Stunde Zeit und sorgen Sie für eine behagliche Atmosphäre mit Kerzenlicht und sinnlicher Musik. Sehen Sie das Ganze als Vergnügen und nicht als Hausaufgabe!

## ÜBUNG 1

### Erleben Sie den Höhepunkt

Für Übungen, bei denen es um die Steigerung oder das Halten Ihres Erregungszustandes geht, verwenden Sie eine Skala von 1 bis 10 mit folgenden Entsprechungen:

- 1: keine Erregung
- 2-3: leichtes Kribbeln
- 3-4: anhaltende, aber geringe Erregung
- 5-6: mittlerer Grad an Erregung (Sie werden ein wenig feucht)
- 7-8: hoher Erregungsgrad (Atmung und Herzschlag gehen schneller)
- 9: Sie stehen kurz vor dem Orgasmus
- 10: Orgasmus

Gehen Sie folgendermaßen vor:

1. Atmen Sie tief durch die Nase ein und langsam durch den Mund wieder aus. Fühlen Sie, wie Sie mit jedem Atemzug ruhiger werden. Entspannen und regenerieren Sie sich einige Minuten.

2. **Streicheln Sie Ihre Genitalien.** Machen Sie sich langsam wieder mit den Formen und der Struktur Ihrer Schamlippen, der Klitoris und dem Vaginaleingang vertraut. Sie sollen mit diesen Berührungen (noch) nicht zum Orgasmus kommen, sondern lediglich Ihre Vagina erkunden. Diese Massage dient als Einstimmung auf alles Weitere.

3. Wenn Sie Level 2 oder 3 auf der Skala erreichen, **beginnen Sie zu masturbieren, bis Sie das Level Ihrer Erregung auf 3 oder 4 gesteigert haben.** Setzen Sie sich nicht unter Druck und haben Sie keine Angst. Dies ist kein Wettkampf, bei dem Sie mit der Stoppuhr überwacht werden. Nehmen Sie sich so viel Zeit, wie Sie brauchen!

4. Sobald Sie Level 3 oder 4 (anhaltendes, niedriges Erregungsniveau) erreichen, **hören Sie auf zu streicheln.** Atmen Sie normal, bis Ihre Erregung wieder auf Level 1 abgeflaut ist.

5. Im Anschluss daran stimulieren Sie sich erneut. Wenn Sie Level 5 erreichen und ein wenig feucht werden, unterbrechen Sie das Streicheln und atmen normal, bis Ihre Erregung auf Level 3 gesunken ist. Zwischen Erreichen des Levels und dem Abflauen der Erregung sollten ungefähr fünf Minuten liegen.

6. Stimulieren Sie sich nun so lange, bis Sie Level 9 erreichen. Wenn Sie merken, dass Sie dieses Niveau überschreiten, erhöhen Sie Ihre Atemfrequenz und stimulieren sich auf Level 10. Viel Spaß!

Zwingen Sie sich nicht, schon beim ersten Mal Level 10 zu erreichen, wenn es für Sie zu anstrengend ist. Verwenden Sie lieber mehr Zeit darauf, die unteren Levels zu beherrschen und erst *später* zu den höheren zu kommen, anstatt einen wackligen Turm auf eine instabile Unterlage zu bauen. Drängen Sie sich nicht, erzwingen Sie nichts und hetzen Sie sich nicht. Auch der Weg dorthin ist schon ein Spaß.

Sobald Sie das Prinzip der Erregungs*steigerung* beherrschen und sich auf eine beliebige Stufe der Erregungsskala bringen können, lernen Sie, ein bestimmtes Level zu *halten*. Ihre Erregung wird durch ein Hilfsmittel gesteigert (Ihre Finger oder ein anderes Objekt), während man das Level am leichtesten mit Hilfe der *Atmung* halten kann.

## ÜBUNG 2

*Level der Lust*

Essen Sie etwas Leckeres, nehmen Sie ein warmes Bad und versetzen Sie sich in die richtige Stimmung.

1. Beginnen Sie, indem Sie wie immer Ihren Genitalbereich stimulieren. Fühlen Sie, wie sich Ihr Körper mit jedem Atemzug entspannt.
2. Steigern Sie durch Stimulation Ihre Erregung auf Level 4 der Skala. Versuchen Sie mit Hilfe Ihrer Hand 30 Sekunden das Level 4 zu halten.
3. Nach 30 Sekunden **nehmen Sie Ihre Hand weg und atmen Sie zweimal langsam und tief bis in den Bauch hinab ein.** Dadurch wird Ihre Erregung noch schneller auf ein niedrigeres Niveau absinken.
4. Wenn Sie Level 3 erreicht haben, atmen Sie stoßweise durch den Mund ein und aus (eine Art Hecheln), bis Ihre Erregung auf Level 4 abgesunken ist. Experimentieren Sie ebenso mit Level 3 und 4, indem Sie die Atemfrequenz entweder erhöhen oder verringern. Tasten Sie sich schrittweise an höhere Levels heran und halten Sie den jeweiligen Erregungsgrad durch die Stoßatmung. *Sollte Ihnen dabei ein wenig schummrig werden, atmen Sie wieder normal!* Wahrscheinlich muss sich Ihr Körper erst langsam an die erhöhte Sauerstoffzufuhr gewöhnen.
5. Erreichen Sie Level 9 und stehen somit kurz vor dem Orgasmus, **stimulieren Sie nicht weiter, sondern atmen nur stoßweise, bis Sie zum Höhepunkt kommen.**

Ist es gleich beim ersten Mal gelungen? Wenn nicht, gönnen Sie sich einen Tag Pause und versuchen Sie es dann erneut. Sie werden es schon sehr bald schaffen.

Sehen Sie jetzt, wie hilfreich und nützlich diese Techniken beim Sex sein können? Auch wenn Ihr Partner Ihrem Höhepunkt keinerlei Beachtung schenkt, können Sie sich auf diese Weise ganz auf Ihren Orgasmus konzentrieren. Außerdem ermöglicht die richtige Atmung, dass Sie Ihren Erregungszustand so weit steigern können, dass Sie auch ohne ausreichende Stimulation ans Ziel kommen.

Sollten Sie nicht über ein gewisses Level hinauskommen, geben Sie nicht auf, sondern üben Sie weiter. Je öfter Sie diese Übungen machen, umso besser werden Sie Ihnen gefallen, denn es ist faszinierend zu beobachten, wie sehr Sie Ihren Körper unter Kontrolle haben. Wenn Sie dann in der Lage sind, Ihren eigenen Erregungsgrad nach Belieben zu steigern und zu halten, steht regelmäßigen Orgasmen nichts mehr im Weg. Üben Sie also fleißig weiter!

## Kommen wir nun zu Ihren Brüsten

Mit Hilfe der eben beschriebenen Techniken können Sie zudem einen völlig neuen Orgasmus erleben: den Brustorgasmus. Ja, Sie haben richtig gelesen! Sie können im Schlaf einen Orgasmus haben, ganz ohne sich zu berühren. Warum sollten Sie dann nicht auch durch Stimulation Ihrer empfindlichen Brüste zu einem atemberaubenden Höhepunkt kommen? Die nun folgende Übung ist eine Art Einstiegsübung.

## ÜBUNG 3

### Aufwärmen

Zuerst massieren Sie einmal mehr ganz in Ruhe und ausführlich Ihren Genitalbereich. Schenken Sie sich selbst die gleiche Aufmerksamkeit, die Sie sich von Ihrem Partner wünschen.

1. Entspannen Sie sich und atmen Sie tief durch.
2. Stimulieren Sie sich so lange, bis Sie Level 3 erreichen und halten Sie dieses Niveau ungefähr eine halbe Minute. Dann hören Sie auf, sich zu streicheln, atmen zweimal tief ein, bis Ihre Erregung auf Level 1 oder 2 abfällt. Durch stoßweises Atmen erhöhen Sie Ihre Erregung auf Level 3 oder ein wenig höher. Steigern Sie so Ihre Erregung Schritt für Schritt. Es besteht kein Grund zur Eile. Genießen Sie dieses Gefühl.
3. Nähern Sie sich Level 9, **masturbieren Sie mit einer Hand weiter und massieren Sie mit der anderen Ihre Brüste.** Schenken Sie vor allem Ihren Brustwarzen besondere Aufmerksamkeit. Sie können zudem auch durch stoßweises Atmen Ihren Erregungsgrad hochhalten.

Und wagen Sie es bloß nicht, jetzt schon zu kommen!

## ÜBUNG 4

### Abkühlen

Wenn Sie Übung 3 mehrere Male erfolgreich ausgeführt haben, können Sie mit dieser nächsten Übung beginnen.
1. Wenn Sie kurz vor dem Orgasmus stehen, halten Sie durch stoßweises Atmen Ihren Erregungszustand und **massieren Sie mit beiden Händen Ihre Brüste**.
2. **Spannen Sie Ihren mittlerweile gut trainierten PC-Muskel an** und massieren Sie Ihre Brüste und Brustwarzen, bis Sie zum Orgasmus kommen.

Durch häufiges Durchführen dieser Übung kommen Sie bald nur durch Stimulation Ihrer Brüste zum Orgasmus. Na, wie finden Sie das?

## So wird Ihr Orgasmus intensiver

Bislang habe ich Ihnen in diesem Kapitel ziemlich komplexe und spezifische Übungen vorgestellt, die Ihnen zwar für den Rest Ihres Lebens großartige Orgasmen bescheren werden,

Ihnen aber auch einiges abverlangt haben. Deshalb möchte ich Ihnen jetzt einige einfache Techniken zeigen, die Sie gleich *heute* Abend anwenden können. Ich wette, das ist Musik in Ihren Ohren!

## ÜBUNG 5

*Mit Spannung erwartet*

Diese Drei-Phasen-Methode eignet sich nicht nur zur Intensivierung eines Orgasmus, sondern ist auch ein probates Mittel, um einen etwas zögerlichen Orgasmus endlich zu einem Höhepunkt werden zu lassen.

1. Sobald Sie sich dem Höhepunkt nähern, **atmen Sie stoßweise.**
2. **Lassen Sie es heraus.** Stöhnen Sie ruhig laut. Sprechen Sie Ihre unanständigen Gedanken aus. Trauen Sie sich. Männer mögen es, wenn Frauen sich beim Sex gehen lassen. Lassen Sie Ihren Worten freien Lauf und der Orgasmus wird kommen.
3. **Bewegen Sie Ihren Körper.** Heben Sie Ihr Becken an und bewegen Sie es hin und her. Spannen Sie Ihre Arm- und Beinmuskulatur an und entspannen Sie wieder. **Spannen Sie Ihren PC-Muskel alle paar Sekunden an, bis Sie schließlich zum Orgasmus kommen.**

## ÜBUNG 6

*PC-Leidenschaft*

Mit Hilfe dieser einfachen Technik können Sie Ihren Orgasmus zusätzlich mit dem Einsatz des PC-Muskels (Sie haben Ihre täglichen Übungen gemacht, nicht wahr?) intensivieren und aus einem durchschnittlichen Höhepunkt ein wahres Erlebnis machen.

So wird's gemacht:

1. Stimulieren Sie Ihren Körper, bis er in etwa eine Erregung auf Level 8 hat.
2. Führen Sie nun einen Finger in Ihre Vagina ein. Selbstverständlich können Sie diese Übung auch gemeinsam mit einem Partner machen.
3. Spannen Sie Ihren PC-Muskel um den Finger herum an und lassen Sie dann wieder locker. Halten Sie währenddessen Ihren Erregungszustand durch Stimulation der Klitoris und/oder kontrollierte Atmung.
4. Wenn Sie sich dem Höhepunkt nähern, halten Sie ihn auf, indem Sie Ihren PC-Muskel einmal so fest wie möglich anspannen – und zwar *bevor* die erste Orgasmuswelle zu spüren ist.

Machen Sie sich auf ein unwiderstehliches Gefühl gefasst!

## Schon mal einen »Luft-Orgasmus« gehabt?

Wir kennen es alle: Sie genießen gerade großartigen Sex mit Ihrem Partner, aber aufgrund Ihrer Körperhaltung gelangt viel Luft in Ihre Vagina. Auf einmal gibt Ihre Vagina pfeifende und andere peinliche Laute von sich. Glauben Sie mir, wenn ich Ihnen sage, dass diese »vaginalen Luftstöße« eigentlich etwas Gutes sein können?

Ihre Vaginalwände und -muskeln sind während des Geschlechtsverkehrs in ständiger Bewegung und verändern Ihre Position, deshalb kann Luft, die beim Sex in die Vagina hineinkommt, im Vaginalkanal eingeschlossen werden. Es ist also ein ganz natürlicher Vorgang und hat nichts mit Ihren Essgewohnheiten zu tun!
Stellen Sie sich Ihren Vaginalkanal wie einen aufgeblasenen Luftballon vor. Wenn Sie Luft herauslassen möchten, lösen Sie den Knoten und lassen die Luft entweder einfach so ausströmen oder Sie üben Druck aus, so dass die Luft in einem großen Strom entweicht. Wenn Sie im richtigen Moment Druck auf Ihren Vaginalkanal ausüben, kann explosionsartig eine große Menge Luft entweichen, die einen intensiven vagi-

nalen Orgasmus auslöst. Wenn Sie so etwas einmal erleben wollen, machen Sie einfach die nächste Übung.

## ÜBUNG 7

*»Das war Absicht«*

Diese Übung macht am meisten Spaß, wenn Sie schon sehr erregt sind. Warten Sie also auf einen günstigen Moment und folgen Sie den Anweisungen.

1. Am leichtesten gelangt Luft in Ihre Vagina, wenn Sie die »Hündchenstellung« einnehmen, sich also auf allen Vieren hinknien. Beugen Sie die Arme und senken Sie Ihren Kopf und Oberkörper auf das Bett. Versuchen Sie, Ihren Rücken zu entspannen, der dann wie eine Rutschbahn aussieht, deren höchster Punkt Ihr Po ist. Schieben Sie Ihre Knie auseinander. Vielleicht merken Sie schon jetzt, wie Luft in Ihre Vagina eindringt. Wenn nicht, spannen und entspannen Sie Ihren PC-Muskel, als würde Ihre Vagina Luft schnappen.
2. Wenn Sie genug »Luft geschnappt« haben, strecken Sie Ihren Rücken und spannen gleichzeitig die Bauchmuskeln an. Stellen Sie sich vor, Ihre Vagina würde buchstäblich Luft ablassen.
3. Sollte das nicht funktionieren, legen Sie sich auf den Rücken und ziehen Sie die Knie an, sodass Sie Ihre Knöchel fassen können. Heben und senken Sie Ihr Becken leicht. Spannen Sie dabei den PC-Muskel an.
4. Sollte häufig Luft in Ihre Vagina gelangen, warten Sie einfach auf das nächste Mal und versuchen Sie dann, Sie absichtlich abzulassen. Sie werden staunen, was für ein Druck dabei entstehen kann.

### Jetzt ist er an der Reihe

Nachdem wir jetzt so lange über Ihren Orgasmus gesprochen haben, sollten wir uns nun einmal jemandem widmen, der ebenfalls großes Interesse an sexueller Ekstase haben könnte:

Ihrem Liebhaber! Verdient nicht auch er einen Abend, ein Wochenende oder gar ein ganzes Leben voller fabelhafter Orgasmen?

*Darf ich mich vorstellen ...*

Wenn ein Penis sprechen könnte, wäre manches leichter. Wir Frauen müssten uns nicht ständig den Kopf darüber zerbrechen, wie lange man ihn am besten wo streichelt und was sich wie anfühlt. Aber leider redet der Penis nicht, und die dazugehörigen Männer hüllen sich auch oft auf diesem Gebiet in Schweigen. Also setzt sich dieser Teufelskreis der Verschwiegenheit fort, und Frauen fummeln entweder »da unten so herum« oder meiden die ganze Gegend einfach, so gut es geht.

Aber das ist nichts für Bad Girls. Sie zeigen genauso großes Interesse am männlichen Geschlecht wie an ihrem eigenen, finden es aufregend, interessant und spannend und wollen deshalb so viel wie möglich darüber in Erfahrung bringen.

Erstaunlich viele Frauen haben zum männlichen Penis das gleiche Verhältnis wie zu ihrem Auto: Solange es sie an den gewünschten Ort bringt, sind sie glücklich. Höchst selten öffnen sie einmal die Motorhaube, lesen die Gebrauchsanweisung oder überprüfen den Ölstand. Erst wenn etwas nicht mehr nach ihren Wünschen funktioniert, schenken sie ihm ein wenig mehr Beachtung.

Das aber sollte Ihnen nicht mehr genügen – Sie können gar nicht genug neue und lustvolle Erfahrungen sammeln. Bitten Sie also Ihren Partner um ein wenig Nachhilfe und lernen Sie dadurch einen guten Freund noch besser kennen.

*Jane, das ist Willy*

Behandeln Sie den Penis Ihres Partners mit der gleichen respektvollen Aufmerksamkeit wie Ihren eigenen Körper. Sagen oder tun Sie nichts, das Ihren Partner in irgendeiner Weise beschämen oder gar erniedrigen könnte, denn sonst ist Ihre erste Expedition womöglich auch Ihre letzte.

## ÜBUNG 8

*Immer mit der Ruhe*

Teilen Sie Ihrem Partner mit, dass Sie diese Übung durchführen, um mit seinem Penis vertrauter zu werden. Achten Sie darauf, dass er nicht unter Zeitdruck steht, denn diese Übung kann durchaus eine Weile dauern! Beginnen Sie mit einem gemeinsamen Bad. Zünden Sie ein paar Kerzen an und spielen Sie leise Musik.

1. Legen Sie Ihrem Partner einige Kissen in den Rücken, so dass er relativ aufrecht sitzt und Sie sein Gesicht sehen können.
2. Massieren Sie seinen Penis genauso sanft, wie Sie sich selbst massieren. Sie haben nicht die Absicht, ihn zu stimulieren, auch wenn das wahrscheinlich automatisch der Fall sein wird. Sinn des Ganzen ist es, die Feinheiten des männlichen Geschlechts kennen zu lernen. Das schließt nicht nur Penis, sondern auch Schamhügel und Hodensack mit ein.
3. Streicheln und liebkosen Sie ihn mit den Fingerspitzen, dem Handrücken (Vorsicht mit Ringen!) und der Handfläche. Umschließen Sie seinen Hodensack sanft mit Ihrer Hand und drücken Sie ihn ganz leicht. Sie spüren, wie sich die Hoden im Hodensack bewegen. Berühren Sie mit Ihrem Zeigefinger sanft die Spitze seines Penis und umfahren Sie langsam den unteren Rand der Eichel. Diese Zone ist sehr empfindlich. Achten Sie darauf, dass Sie Ihre Bewegungen ganz langsam ausführen, so als müssten Sie in einem Test am Ende dieser Übung jeden Millimeter seines Geschlechts bis ins kleinste Detail beschreiben können.
4. Ist sein Penis schon erigiert? Wenn ja, ist er auch für langsame und sanfte Berührung empfänglich. Was erregt Ihren Partner? Wovon bleibt er eher unberührt? Wenn Sie das nicht aus seinen Reaktionen schließen können, fragen Sie ihn. Nur weil er keine Erektion hat, heißt das noch lange nicht, dass er nicht jede Ihrer Zärtlichkeiten in vollen Zügen genießt. Es wäre

auch nicht schlimm, wenn er die ein oder andere Berührung als weniger angenehm empfindet, denn schließlich machen Sie diese Übung doch, um mehr über seine sensiblen und erogenen Zonen zu erfahren.

## Langsam mit der Hand zum Höhepunkt

Haben Sie schon einmal einem Mann beim Masturbieren zugesehen? Es überrascht Sie wahrscheinlich nicht, dass Männer dabei eher rau zu Werke gehen. Sie nehmen sich nicht sonderlich viel Zeit und beeilen sich, möglichst schnell zum Höhepunkt zu kommen. Hier kommt Ihr Einsatz. Durch Sie wird er erfahren, dass es neben dem schnellen Orgasmus auch zärtliches und verwöhnendes Masturbieren gibt.

Gewöhnen Sie sich im Gegensatz zu den meisten Frauen an, dabei *beide* Hände einzusetzen, denn dadurch intensivieren sich seine Empfindungen. Zwei Hände, doppeltes Vergnügen!

Die folgende Übung kann entweder im Anschluss an Übung 8 durchgeführt werden oder einige Zeit später. In jedem Fall sollte Ihr Partner vorher ein wenig zur Ruhe kommen. Lassen Sie diese Übung etwas ganz Besonderes sein, versetzen Sie sich beide in die richtige Stimmung und richten Sie Ihre Aufmerksamkeit ganz auf das, was kommt.

## ÜBUNG 9

### Rutschgefahr

Für diese Übung benötigen Sie ein Gleitmittel, das speziell für den Gebrauch im Intimbereich geeignet ist. Speise-, Massage- oder Babyöle können Ihrem Partner Schmerzen bereiten oder gar noch schlimmere Folgen haben. Sollten Sie noch kein Gleitmittel besitzen, finden Sie im nächsten Kapitel alle nötigen Informationen.

1. Tragen Sie eine walnussgroße Menge Gleitmittel auf Ihre Handfläche auf. Verteilen Sie es großzügig auf dem Schaft des Penis (am besten bevor er voll erigiert ist). Nehmen Sie so viel Gleitmittel wie nötig. Rubbeln Sie nicht, sondern reiben Sie seinen Penis ganz zärtlich ein.

2. Fertig? Gut, dann verrate ich Ihnen jetzt, warum Bad Girls Männer so wunderbar mit der Hand befriedigen können: Alles, was für die eigene Hand angenehm ist, verschafft auch dem Partner erregende Lust. Wenn Sie diesen Grundsatz beherzigen, werden Sie Ihre Scheu vor dem Masturbieren verlieren. Fragen wie »Ist das zu fest?« oder »Mache ich es zu langsam?« werden somit hinfällig. Orientieren Sie sich einfach an Ihrem eigenen Gefühl.

3. Fahren Sie mit einem oder zwei Fingern seinen Penis der Länge nach auf und ab. Üben Sie mit Ihren drei mittleren Fingern beider Hände sanften Druck auf den Ansatz des Gliedes aus, während Sie Ihre Hände kreisen lassen. Die Berührung sollte nicht zu sanft sein, schließlich ist sein Penis ganz anderes gewohnt!

4. Massieren Sie seinen Penis ganz langsam abwechselnd mit der einen und der anderen Hand. Dazwischen drücken Sie immer wieder den Ansatz seines Gliedes. Der Penis soll dabei immer schön feucht sein. Geizen Sie nicht mit Gleitmittel!

5. Halten Sie den Penis auch einmal in verschiedenen Winkeln. Viele Frauen stellen ihn senkrecht auf (also im 90-Grad-Winkel zum Körper des Mannes). Wahrscheinlich merken Sie sehr bald, dass es bei einer stärkeren Erektion besser ist, ihn ein wenig mehr in Richtung Bauch zu halten. Ein Penis, der in Richtung Beine gehalten wird, verliert leicht an Härte.

6. Steigern Sie nun leicht den Druck auf den Penisschaft. Drücken Sie kurz und lassen Sie dann wieder locker. Dazwischen massieren Sie ihn der Länge nach mit langsamen, kräftigen Zügen. Auf diese Weise können Sie Ihrem Partner einen explosionsartigen Orgasmus bescheren!

Der erste wichtige Grundsatz war, sich bei der Stimulation ganz auf Ihr *eigenes Gefühl* und das Ihrer Hände zu verlassen. Der zweite wichtige Punkt ist, dass Sie dabei ausgesprochen langsam vorgehen, was nicht heißt, dass Sie nicht auch einmal schnellere Bewegungen machen dürfen. Generell jedoch sollten Sie diese beiden Grundsätze bei der Masturbation beherzigen.

## Mit vollem Mund spricht man nicht

Nein, ich rede nicht von Tischmanieren – sondern von Oralsex! Befriedigen Sie Ihren Partner gerne mit dem Mund? Wenn nicht, was ist der Grund für Ihre Abneigung? Hängt es mit Ihrem Selbstvertrauen zusammen? Glauben Sie, Sie wissen nicht, wie es geht? Haben Sie Angst, keine Luft mehr zu bekommen? Mit Hilfe der nächsten Übung werden wir Ihre Bedenken ausräumen.

Bevor wir jedoch beginnen, möchte ich noch etwas über die sexuellen Reaktionen der Männer sagen. Bad Girls wissen, dass man manche Männer nicht gerade als Schnellstarter bezeichnen kann. Diese schlafenden Riesen brauchen manchmal eine Weile, bis sie in die Gänge kommen. Bad Girls nehmen das nicht persönlich, denn sie sind sich darüber im Klaren, dass es nur ein wenig Geduld und Kreativität braucht, um die Dinge ins Rollen zu bringen. Bad Girls wissen auch, dass es nichts mit ihnen zu tun hat, wenn ein Mann bereits nach kürzester Zeit zum Höhepunkt kommt. Es funktioniert eben bei jedem ein wenig anders, und schließlich gibt es genug Techniken beim Oralsex, um jedem gerecht zu werden. Die Möglichkeiten sind unbegrenzt.

*KURZE UNTERBRECHUNG: Es versteht sich von selbst, dass Sie mit einem Mann, dessen sexuelle Vergangenheit und momentanen Gesundheitszustand Sie nicht kennen, KEINE KÖRPERFLÜSSIGKEITEN AUSTAUSCHEN SOLLTEN. Wenn Sie diesbezüglich auch nur die GERINGSTEN ZWEIFEL an Ihrem Partner haben, verwenden Sie bei dieser Übung UNBEDINGT ein Kondom. Vorsicht geht hier über alles.*

## Vorbereitung auf das Mündliche

Jeder Sportler macht Aufwärmübungen. Genauso achtet ein Bad Girl vor dem Oralsex darauf, dass ihre Mundhöhle und deren Muskulatur völlig entspannt sind. Das ist kein Scherz!

162

Bevor Sie beginnen, müssen Sie Mund, Kiefer, Hals und Zunge lockern. Strecken Sie Ihre Zunge heraus und lassen Sie sie kreisen. Öffnen Sie dann Ihren Mund und strecken Sie Ihre Zunge so weit heraus, wie Sie nur können: Versuchen Sie, mit Ihrer Zungenspitze Ihr Kinn zu berühren. Machen Sie als Nächstes einen Mund wie ein Fisch. Entspannen Sie Ihre Lippen. Kreisen Sie Ihren Kopf langsam.

Da diese Übungen nicht gerade besonders aufregend für einen Mann sind, muss er Sie dabei auch nicht unbedingt sehen. Machen Sie Ihre »Aufwärmübungen« lieber im Bad. So wird Oralsex mit Ihnen einsame Spitze!

## ÜBUNG 10

### Der Zungenschlag

Ich gehe davon aus, dass Sie Ihren Partner vorab mit Ihren Händen stimuliert haben und sein Penis schon voll erigiert ist. Allerdings gibt es keinen Grund, warum man mit Oralsex nicht auch in nicht erregtem Zustand beginnen sollte. Sollte Ihr Partner besonders schnell oder besonders langsam zur Sache kommen, eignet sich dieser Einstieg sogar ausgesprochen gut. Als Erstes reinigen Sie seinen Penis und seine Hoden mit einem feuchten und warmen (nicht heißen!) Waschlappen. Alles an ihm sollte gut schmecken und riechen! Ihr Partner wird diese Aufmerksamkeit genießen

1. **Lecken Sie jeden Zentimeter seines Penis.** Damit meine ich lange und kräftige Züge mit der ganzen Zunge, so als würden Sie an einem heißen Sommertag versuchen, Ihr Eis am Tropfen zu hindern. Lecken Sie langsam den ganzen Schaft auf und ab. Lecken Sie in kleinen Kreisen seine Hoden. Lecken Sie den Rand der Eichel entlang. Lassen Sie Ihre Zunge mit der Öffnung seines Penis spielen. Umkreisen Sie mit Ihrer Zunge die ganze empfindliche Eichel. **Nehmen Sie Ihre Hände dabei so wenig wie möglich zur Hilfe,** denn so erhalten Sie den wunderbar erregenden Effekt, dem sich frei bewegenden Penis spielerisch Herr werden zu müssen. Das ist sowohl für Sie als auch für ihn aufregend.

2. **Entspannen Sie Ihre Lippen und nehmen Sie nur die Eichel in den Mund.** Einer der meist verbreiteten Irrtümer unter Good Girls ist, dass es Männern gefiele, beim Oralsex das Gefühl zu haben, Ihren Penis in das Rohr eines Staubsaugers gesteckt zu haben. Das ist schlicht und ergreifend falsch. Sicherlich können Sie auch ab und zu ein wenig daran saugen, aber das ist nicht das Wesentliche an Oralsex. Wenn Sie also die Spitze seines Penis in den Mund nehmen, denken Sie daran, ihn nicht ganz in sich einzusaugen. Es ist schon sehr stimulierend, wenn Sie seinen Penis in Ihrem Mund haben.

3. **Während der Penis in Ihrem Mund ruht, lassen Sie Ihre Zunge über die Spitze der Eichel schnellen.** Nehmen Sie ihn immer weiter in sich auf und halten Sie ihn immer mit ausreichend Speichel feucht. Wenn Ihr Partner Erektionsprobleme hat, können Sie auch ein wenig fester saugen. Wenn er aber sehr schnell zum Orgasmus kommt, **dann saugen Sie am besten gar nicht.**

4. **Bahnen Sie sich nun Zentimeter um Zentimeter Ihren Weg nach unten.** Lassen Sie unterdessen Ihre Zunge mit seinem Penis spielen. Wahrscheinlich zählt er die Zentimeter und erwartet sehnsüchtig, dass Sie ihn noch weiter in den Mund nehmen. Besonders aufregend wird es, wenn Sie seinen Penis ab und zu ganz aus Ihrem Mund nehmen. Achten Sie immer darauf, dass Sie genug Speichel verwenden. Wenn Sie zu den Frauen gehören, die schon beim Schlucken eines einzigen Aspirins Probleme haben, sind für Sie vier oder fünf Zentimeter Penis schon sehr viel. Wenn es Ihnen zu viel wird, ist das völlig in Ordnung. Einige Zentimeter seines Penis in Ihrem warmen und feuchten Mund sind eine wunderbare Sache, wenn Sie ihm nur genug Aufmerksamkeit schenken. Die »fehlenden« Zentimeter können Sie ganz einfach mit Ihren Händen liebkosen und stimulieren. Begehen Sie nicht den Fehler, Oralsex ganz zu vermeiden, nur weil Sie den Penis nicht vollständig in den Mund nehmen wollen. Das verlangt niemand von Ihnen.

5. **Wenn Sie schließlich den Penis bis zum Ansatz in Ihrem Mund haben, bewegen Sie Ihren Kopf mit steigendem Tempo über die gesamte Länge seines Penis auf und ab.** Nehmen Sie ihn nun fest zwischen Lippen und Zunge (keine Zähne!) und halten Sie ihn mit Ihrem Speichel rundherum feucht. Sie können den Ansatz des Penis in die Hand nehmen oder seine Hoden massieren – oder beides!

Verwöhnen Sie ihn abwechselnd mit Mund und Händen, um Eintönigkeit zu vermeiden. Variieren Sie Ihre Bewegungen und halten Sie die Spannung aufrecht. Wenn Sie Ihren »Job« mit Leidenschaft ausführen, will Ihr Partner irgendwann zum Orgasmus kommen. Verdient er den Orgasmus? Diese Entscheidung ist ganz Ihnen überlassen!

Bevor wir fortfahren, habe ich noch einen kleinen Tipp zum Thema Oralsex. Sollten Sie normalerweise dabei das Licht ausgeschaltet und die Decke über den Kopf gezogen haben, gibt es einige gute Gründe, daran in Zukunft etwas zu ändern: Erstens können Sie mit Ihren Fähigkeiten ruhig ein wenig angeben! Zweitens gibt es wohl kaum etwas Erotischeres für einen Mann, als einer Frau dabei zuzusehen, wie sie seinen Penis mit ihrem Mund verwöhnt. Und drittens fördert es die Kommunikation, wenn Sie sich beide dabei sehen können. Wenn Sie sich einmal daran gewöhnt haben, mit Ihrem Partner beim Sex zu reden, werden Sie bald merken, dass sich manch peinliche Situation in Luft auflöst. Miteinander reden ist absolut sexy und normal.

## Zusammen kommen

Er ist gekommen, Sie sind gekommen: Es wird Zeit, dass Sie gemeinsam kommen. Ich meine das nicht unbedingt wörtlich, auch wenn das durchaus vorkommen kann. Vielmehr geht es hier um die verschiedenen Stellungen beim Sex und wie Sie mit deren Hilfe Ihre Orgasmen intensivieren können.

Ich möchte an dieser Stelle vorausschicken, dass an der klassischen Missionarsstellung nichts auszusetzen ist. Zwar ermöglicht sie nicht wie andere Stellungen eine direkte Stimulation der Klitoris und der Vagina, aber sie hat den unbezahlbaren emotionalen Vorteil, dass sich beide Partner beim Geschlechtsverkehr in die Augen sehen können. Und selbstverständlich können Frauen auch in der Missionarsstellung regelmäßig aufregende Orgasmen erleben. Aber vielleicht haben Sie ja manchmal Lust auf etwas Exotischeres und möchten, dass Ihr Partner von hinten in Sie eindringt. Diese Stellung ist im Vergleich zur Missionarsstellung um einiges vielseitiger. Erstens kann die Klitoris leicht mit der Hand des Mannes oder der Frau stimuliert werden, und zweitens kann der Penis tiefer eindringen und den G-Punkt und den Muttermund stimulieren.

Welche Stellung bevorzugen Bad Girls? Das ist von Frau zu Frau verschieden und kann sich auch im Laufe der Zeit verändern. Auf den nächsten Seiten werde ich Ihnen eine Reihe von bewährten Stellungen zeigen, die Sie als Ausgangspunkt für Ihre eigenen kreativen Ideen verwenden können.

## Beziehen Sie Stellung

*Reiterstellung (liegend)*
Diese Position ist der Missionarsstellung sehr ähnlich und verlangt, dass der Mann nach dem Eindringen auf der Frau liegt. Auf diese Weise reiben Penis und Schambein bei den Stoßbewegungen gegen die Klitoris der Frau.

1. Ausgangslage ist die Missionarsstellung. Sobald Ihr Partner in Sie eingedrungen ist, sollte er mit seinem Körper einige Zentimeter nach oben rutschen, bis sein Schambein auf Ihrer Klitoris liegt.
2. Wenn er mit seinen rhythmischen Bewegungen beginnt, sollten Sie spüren, wie sein Penis an Ihrer Klitoris auf und ab reibt und sein Schambein angenehmen Druck auf Ihr Schambein und die Klitoris ausübt.
3. Halten Sie Ihre Beine eng beisammen, so dass Sie den Penis fest umschließen. Auf diese Weise werden die Empfindungen viel intensiver und Sie werden mit Sicherheit zum Orgasmus kommen.

*Reiterstellung*
Hier sitzt die Frau oben und kann Rhythmus, Geschwindigkeit und Tiefe der Stöße kontrollieren.

1. Knien Sie sich über Ihren Partner, so dass Ihr Schambereich über seinem liegt und Ihre abgewinkelten Beine sich
   links und rechts von seinen Hüften befinden. Ihr Gesicht
   kann entweder seinem Gesicht oder seinen Füßen zuge-
   wandt sein.
2. Führen Sie seinen Penis in Ihre Vagina ein – entweder
   langsam und verführerisch – oder lassen Sie ihn auf einmal in Sie eindringen, indem Sie sich einfach auf ihn setzen (was ziemlich aufregend sein kann!).
3. Bewegen Sie sich nun auf und ab. Das Tempo bestimmen
   Sie. Stimulieren Sie beim Reiten Ihre Klitoris mit der
   Hand. Nehmen Sie dann seine Finger, um Sie dort zu stimulieren.
4. Spannen Sie Ihren PC-Muskel so fest wie möglich an, entweder bei der Aufwärts- oder der Abwärtsbewegung. Damit nähern Sie sich einem aufregenden Orgasmus.
5. Vergessen Sie nicht, Ihre Brüste zu stimulieren!

*A tergo – von hinten*
Eine der klassischen Bad-Girl-Stellungen! Ich habe bereits
vorhin von den Vorzügen dieser Stellung geschwärmt. Aber
das war noch längst nicht alles ...

1. Ihr Partner kann auf verschiedene Arten von hinten in Sie
   eindringen. Die wohl üblichste Form ist die so genannte
   Hündchenstellung, bei der die Frau entweder auf allen Vieren kniet oder die Arme beugt und den Po nach oben reckt.
   Eine andere Variante ist die Seitenlage, wobei der Mann
   sich an den Rücken der Partnerin schmiegt.
2. Steht Ihr Partner (anstatt zu knien), während er in Sie eindringt, hat er außerordentlich große Bewegungsfreiheit, so

dass er nicht nur fest stoßen, sondern seine Stöße auch besser variieren kann.

3. Einer von Ihnen sollte währenddessen Ihre Klitoris reizen. Durch die Anspannung Ihres PC-Muskels kann in dieser Stellung Ihr G-Punkt gut stimuliert werden, so dass Sie einen atemberaubenden Orgasmus erleben, wenn nicht sogar ejakulieren.

*Beine über die Schultern*
In dieser Stellung liegt der Mann oben.

1. Die Frau liegt auf dem Rücken. Besteht ein beträchtlicher Größenunterschied zwischen beiden Partnern, können ein oder zwei Kissen unter dem Becken der Frau das Ganze erleichtern.
2. Der Mann kniet zwischen den Beinen der Partnerin, zieht sie zu sich heran und hebt ihre Hüften dabei ein wenig an. Dann legt er ihre Beine über seine Schultern.
3. In dieser Position können alle sensiblen Bereiche stimuliert werden: G-Punkt, PC-Muskel, Muttermund und Klitoris. Außerdem ist genug Platz, um Brüste und Brustwarzen zu massieren.
4. Diese Variante hat alle emotionalen Vorteile der klassischen Missionarsstellung und bietet zudem die Möglichkeit des direkten Kontaktes mit allen erogenen Zonen. Das sind die besten Voraussetzungen für einen außergewöhnlichen Orgasmus!

Hoffentlich konnte dieses Kapitel Sie dazu anregen, Ihre eigene Lust und Ihre Orgasmen zu steigern. Das soll nur der Anfang sein! Experimentieren Sie weiter und finden Sie heraus, was Ihr Körper Ihnen sonst noch alles an lustvollen Gefühlen bieten kann. Üben Sie die Steigerung Ihrer Erregung und das Halten des gleichen Levels sowie Ihre Kegel-Übungen.

Es dauert 21 Tage, bis etwas zur Gewohnheit wird. Wenn Ihnen diese Fähigkeiten in Fleisch und Blut übergegangen sind, haben Sie den richtigen Weg eingeschlagen, um sich für den Rest Ihres Lebens an außerordentlichen Orgasmen zu erfreuen. Das ist es doch wert, oder?

# Bad Girls mögen Spielzeug

Gehören Sie womöglich auch zu den Frauen, die Ihren Vibrator ganz unten im Schrank verstecken, aus Angst, Ihr neuer Freund könnte ihn finden? Wollen Sie bei dem Gedanken, einen Dildo zu kaufen, am liebsten vor Scham im Boden versinken? Halten Sie Paare, die sich beim Sex aus Spaß ein wenig fesseln, schon fast für pervers? Wenn ja, sind Sie noch ein wahres Good Girl.

Zwar liebten Sie als Kind Ihr Spielzeug, aber irgendwann war es damit vorbei – Bad Girls sehen das anders. Sie haben ihre Barbiepuppen ausrangiert und sich neues Spielzeug zugelegt: Dildos, Vibratoren und Ledergeschirre, Ben-Wa-Kugeln, Liebesperlen und Gels in den verschiedensten Geschmacksrichtungen, Federn, Pelze, Augenbinden und Halsbänder. Das ist aber nur eine kleine Auswahl der Dinge, die man in der Spielzeugkiste eines Bad Girls finden kann. Bad Girls benutzen ihr Spielzeug leidenschaftlich gerne – im Schlafzimmer, in der Küche und der Badewanne. Wenn Sie jetzt auch Lust aufs Spielen bekommen haben, ist dieses Kapitel genau das Richtige. Wir beginnen mit einem kleinen Ausflug in einen Spielzeugladen voller Überraschungen. Wenn Sie über einen Computer mit Internetzugang verfügen, begleite ich Sie auch beim Online-Shopping.

Ich helfe Ihnen gern dabei, mit Ihren Neuerwerbungen vertraut zu werden und gebe Ihnen Tipps, wie Sie Ihren Partner am besten auf die neuen Spielsachen vorbereiten.

## Machen Sie sich frei.

Wir alle haben schon Entscheidungen getroffen, die unser Leben von Grund auf verändert haben – ob beruflich oder privat. Vielleicht schmunzeln Sie jetzt, aber ich hoffe, Sie werden mit diesem Kapitel über Sextoys eine ähnlich einschneidende Erfahrung machen. Vielleicht werden Sie sich in den folgenden Jahren an diese Zeit zurückerinnern und zu sich selbst sagen: »Dieses Kapitel hat mein Liebesleben vollkommen verändert. Es war ein Wendepunkt in meinem Leben.«

Sextoys machen nicht nur Spaß, sondern zeigen auch, dass man sein eigenes sexuelles Verlangen sehr ernst nimmt.

Wenn Sie einige der Toys, die ich Ihnen in diesem Kapitel vorstellen werde, kaufen, benutzen und in Ihr Sexleben integrieren können, dann sind Sie nicht mehr das Good Girl, das schüchtern die ersten Seiten dieses Buchs aufschlug. Spielzeug ist nichts für Good Girls. Es ist etwas für erotische, reife, ernst zu nehmende und erwachsene Frauen.

Ob Sie es glauben oder nicht, Spielzeug macht Sie erwachsener!

In diesem Kapitel sollen Sie lernen, die Fesseln, die Sie am Ausleben Ihrer Sexualität hindern, abzustreifen und ... sie Ihrem Partner anzulegen! Jetzt aber Spaß beiseite.

## Lauter Schätze

Als Kind hatten Sie sicher auch Spaß daran, alltägliche Haushaltsgegenstände in Spielzeug umzufunktionieren: Aus der Müslischachtel wurde ein Schlossturm und aus einem alten Geschenkband eine Halskette. Wir werden nun Ihre kreativen Ideen von damals wieder aufgreifen und sie ein wenig ausbauen.

Später haben Sie noch genügend Gelegenheit, Geld für allerlei verrücktes vibrierendes, stoßendes oder reibendes Spielzeug auszugeben. Zuerst aber möchte ich, dass Sie sich einmal bei sich zu Hause umsehen und alles heraussuchen, was sich als Sextoy eignen könnte.

Dafür gibt es ausgezeichnete Gründe: Ihr Auge wird für Dinge geschult, die für Sie eine Quelle der Lust sein könnten. Und warum sollten Sie nicht erst einmal mit den Dingen experimentieren, die bereits in Ihrem Schrank, in Ihrer Speisekammer oder der Waschküche stehen, bevor Sie viel Geld für etwas aus Silikon oder Leder ausgeben?

Waren Sie als Kind auch bei den Pfadfindern? Wir lernten die verschiedensten Knoten und Lieder, die mir heute nur noch vage in Erinnerung sind, aber das Motto werde ich bis ans Ende meiner Tage nicht vergessen: Sei auf alles vorbereitet!

## Auf Schatzsuche

Als Kind habe ich die Sonntage geliebt – besonders wegen der Rätselseite in der Zeitung. Bei meinem Lieblingsrätsel musste man in einer kunstvollen Zeichnung gut versteckte, ganz alltägliche Gegenstände finden; eine Lampe, ein Seil, eine Schaufel oder einen Hut. Manchmal dauerte das eine ganze Weile, denn die Künstler hatten die Dinge geschickt vor dem Hintergrund getarnt. Hatten Sie auch Spaß an solchen Rätseln? Dann wird es Zeit, Ihr Auge wieder für diese Art von Spiel zu schulen, da wir uns nun auf die Suche nach Dingen machen, die in ihrer herkömmlichen Umgebung nicht weiter auffallen. Diesmal ist die »Zeichnung« Ihr eigenes Heim, und Sie betrachten es nicht von außen, sondern sind Teil des Ganzen.

## In der Küche

Beginnen wir in der Küche. Gehen Sie hinein und schließen Sie für einen Moment die Augen. Versuchen Sie anschließend den Raum durch eine rosarote »Lustbrille« zu betrachten. Welche Gegenstände könnten wohl eine kleine erotische Doppelfunktion übernehmen? Hier sind einige Vorschläge:

### Lebensmittel

Honig, Schokoladensauce, geschlagene Sahne, Eiscreme, Eiswürfel, reife Bananen und Erdbeersauce ... lecker. Das Kompliment »Du siehst zum Anbeißen aus!« gewinnt eine völlig neue

Bedeutung, wenn Sie Schlagsahne auf Ihren Brüsten verteilen! Aber das sind nur einige wenige Beispiele, die sich für kleine Sexspielchen eignen. Haben Sie schon einmal? Nein? Dann wird es Zeit herauszufinden, was Sie bislang verpasst haben.

Wir haben alle schon Filme gesehen, in denen Lebensmittel zu höchst erotischen Zwecken eingesetzt wurden. Bestes Beispiel ist *9 ½ Wochen.* Ich kenne niemanden, der die berüchtigte Szene auf dem Küchenfußboden nicht unheimlich erotisch und sexy findet. Aber wie viele von uns haben jemals etwas Derartiges selbst versucht? Bad Girls spielen liebend gerne mit Essen. Richten Sie sich also Ihre Zutaten her, ziehen Sie sich aus und machen Sie sich auf den Weg in die Badewanne.

Es ist schwierig, alleine eine Essensschlacht auszutragen. Wenn Sie also einen Partner haben, der gerne mit Ihnen spielt, dann laden Sie ihn ein. Wenn Sie keinen geeigneten Partner haben oder es vielleicht lieber zuerst alleine ausprobieren wollen, sollte das kein Hinderungsgrund sein. Schließlich spielen Bad Girls ständig mit sich selbst!

## ÜBUNG 1

*Wer hat von meinem Tellerchen gegessen?*

Da Ihr Körper unter Umständen die Rolle eines Tellers zu spielen hat, waschen Sie sich vor Beginn gründlich. Nehmen Sie ein heißes Bad, dann ist der Teller gleich für den Rest der Übung »vorgewärmt«. Trocknen Sie sich ab und versichern Sie sich, dass Sie alle Zutaten in Reichweite haben.

1. Erwärmen Sie die Saucen auf Raumtemperatur. Sollten Sie Schokoladensauce aus dem Kühlschrank verwenden, können Sie sie einfach ein wenig in der Mikrowelle erhitzen. Achten Sie darauf, dass sie nicht zu heiß ist.
2. Tröpfeln Sie die Schokoladensauce über Ihre Brüste. Lassen Sie sich von der Wärme einhüllen. Bitten Sie Ihren Partner, die Sauce über Ihren ganzen Oberkörper zu verteilen und sie anschließend ganz genüsslich abzu-

lecken. Er soll mit einem Eiswürfel für ein paar Sekunden Ihre Brustwarzen berühren, so dass sie hart werden. Als Nächstes tupfen Sie ein wenig Schlagsahne auf jede Ihrer harten Brustwarzen. Ihr Partner darf sie dann säuberlich ablecken. Wie wäre es mit ein wenig Erdbeersauce in Ihrem Bauchnabel? Etwas Süßes auf Ihrer Klitoris wird Sie ins Paradies befördern. Soll es Honig, Schokoladensauce oder Sahne sein? Lassen Sie Ihren Partner wählen, denn schließlich soll er sich dort unten möglichst viel Zeit lassen. Natürlich sollten Sie vermeiden, dass Sauce in Ihre Vagina gelangt. (Wenn es doch passiert, waschen Sie sich einfach hinterher gründlich.) Wenn Sie mit sich selbst spielen, genießen Sie das angenehme Gefühl der verschiedenen Saucen auf Ihrer Haut. Massieren Sie sich Ihre Schokoladenbrüste bis zum Orgasmus!

3. Zeit für einen Rollentausch. Nun wird Ihr Partner zu Ihrem Lieblingsdessert. Sie sollten jedoch ein wenig darauf achten, wo Sie Ihre Leckereien verteilen, denn die meisten Männer sind nicht besonders scharf auf Schokoladensauce im Brusthaar. Setzen Sie aber auf alle Fälle Sahnetupfer auf seine Brustwarzen!

4. Widmen wir uns nun seinem Penis. Lebensmittel sind nicht automatisch gute Gleitmittel, Sie sollten also nicht unbedingt versuchen, ihn mit Honig oder Schokoladensauce zu masturbieren. Aber Sie können sie auf seinen Penis tropfen lassen oder Penis und Hoden mit Saucenfingern bemalen und ihn dann von oben bis unten ablecken.

Guten Appetit!

Körpersaucen und Body Paints können Sie schon ab 7,50 Euro im Sexshop erwerben.

## Das Nudelholz

Keine Angst, hier wird niemand verprügelt! Man kann mit einem Nudelholz auf unterhaltsame Weise leichte Muskelverspannungen überraschend wirksam lockern. Es ist nicht nur entspannend, sondern gleichzeitig gut, um vor dem Sex ein wenig abzuschalten.

# ÜBUNG 2

*Teig ausrollen*

Wenn Sie möchten, können Sie das Nudelholz mit ein wenig Massageöl einreiben. Anschließend verteilen Sie Öl auf Nacken, Schultern, Armen, Rücken, Po und Beinen Ihres Partners. Beginnen Sie mit der Massage an den Schultern und Schulterblättern. Machen Sie kurze Vorwärts- und Rückwärtsbewegungen mit so viel Druck, wie Ihrem Partner angenehm ist. Massieren Sie weiter in Richtung Füße. Ändern Sie von Zeit zu Zeit die Richtung Ihrer Bewegungen wie beim richtigen Teigausrollen. Besonders angenehm ist eine Massage an Po und Fußsohlen.

Hölzerne Massageroller erhalten Sie für 15 bis 30 Euro in größeren Drogeriemärkten.

*Staubwedel*

Ich besitze eine ganze Reihe an Staubwedeln, aber zugegebenermaßen habe ich sie noch nie für den Hausputz verwendet – dafür eignet sich mein Staubsauger ausgezeichnet. Vom ersten Tag an hatte ich damit ganz anderes vor ... Als ich das erste Mal einen Staubwedel sah, konnte ich förmlich fühlen, wie die Federn meine Brustwarzen, meinen Bauchnabel und meine Pobacken kitzeln. Und ich hatte eine leise Ahnung, dass mein Partner auch Lust auf ein wenig Abstauben hatte. Ich wurde nicht enttäuscht!

# ÜBUNG 3

*Abstauben*

**Bitte führen Sie diese Übung nicht aus, wenn Sie oder Ihr Partner allergisch auf Federn reagieren.**
Wenn Sie Arme, Beine und Oberkörper vorher mit Körperpuder bestäuben, gleiten die Federn noch sanfter. Beginnen Sie im Gesicht — ganz langsam.

Streichen Sie mit den Federn über den Hals und über die Schlüsselbeine. Kitzeln Sie um die Brustwarzen herum, von einer Seite zur anderen und von oben nach unten. Wenn Sie die glückliche Empfängerin dieser Liebkosung sind, dann spreizen Sie Ihre Beine und lassen Sie die Federn Ihre Klitoris und Schamlippen verwöhnen. Ihr Partner kann dabei entweder zusehen oder den Staubwedel selbst in die Hand nehmen. (Das ist vielleicht das einzige Mal, dass er darum bettelt, abstauben zu dürfen!) Beglücken Sie Ihren ganzen Körper bis hinunter zu den Zehenspitzen. Wenn Sie zu zweit sind, drehen Sie sich um und bitten Ihren Partner, Ihre ganze Rückseite »abzustauben«.

In Sexshops gibt es erotische Staubwedel mit essbarem Puder für 20 bis 30 Euro.

## Der Holzlöffel

Ich wette, Sie hielten es bisher für eine Strafe, jemandem den Hintern zu versohlen. Ich wette aber auch, dass Sie Ihre Meinung ändern werden, wenn einmal bei wildem Sex Ihre Muschi sanft »bestraft« wurde! Es ist wichtig, dass Sie es zuerst selbst ausprobieren, bevor Sie Ihren Partner darum bitten, denn so können Sie sich an das Gefühl gewöhnen und haben Kontrolle über die Härte der Schläge. Am besten beginnen Sie mit einem leichten, langstieligen Kochlöffel aus Holz, denn damit können Sie sich keinen großen Schmerz zufügen. Schließlich ist es ein Liebes-*Spiel* und kein Kampf. Schützen Sie beim ersten Mal Ihren Po am besten mit einem seidenen Höschen.

## ÜBUNG 4

### Das Spiel mit den Löffeln

Viele Frauen empfinden *spanking* als so erregend, dass Sie kein anderes Vorspiel brauchen, um in Fahrt zu kommen. Wenn Sie allerdings auf diesem Gebiet unerfahren sind, sollten Sie sich vor dieser Übung ein wenig selbst stimulieren. Versetzen Sie Ihrer Muschi erst dann sanfte Schläge, wenn Sie mindestens Level 7 auf Ihrer Erregungsskala erreicht haben. Schon bald aber werden leichte Schläge Auslöser Ihrer Erregung sein.

Am besten funktioniert es, wenn Sie auf dem Bett knien, dabei die Arme beugen und den Kopf zur Seite gedreht auf die Matratze legen. Dabei steht Ihr Po in die Höhe. Beginnen Sie nun, sich selbst zu stimulieren. Wenn Sie ausreichend erregt sind, nehmen Sie den Kochlöffel in eine Hand und geben Sie sich spielerische Klapse auf den Po, während Sie mit der anderen Hand weiter masturbieren. Wiegen Sie sich vor und zurück und lassen Sie Ihre Hüften kreisen, während Sie zum Höhepunkt kommen.

Verschiedenste Peitschen und Zubehör erhalten Sie in Sexshops ab 20 Euro.

## Im Kleiderschrank

Viele Kleidungsstücke und Accessoires können leicht zu Sexspielzeug umfunktioniert werden. Werfen wir doch mal einen Blick auf all die schönen Überraschungen, die geduldig in Ihrem Kleiderschrank warten.

### Seidenstrümpfe, Strumpfhosen und Schals

Ich kenne jemanden, den es unglaublich erregt, wenn ich nur mit einer teuren weißen Nylonstrumpfhose bekleidet ins Bett komme. Er liebt es, mein Schamhaar durch das durchsichtige Material zu sehen und meinen Körper durch den seidigen Stoff zu fühlen.

Mein Freund ist in dieser Beziehung gewiss nicht der Einzige. Und weiße Nylons sind auch noch lange nicht alles – viele Männer lieben Strapsgürtel und Strapse. Aufwendig? Nein. Teuer? Nein. Aufregend? Und wie!

Das Aussehen macht aber nur einen Teil des Reizes aus. Nachdem Ihr Partner Ihnen die verführerischen Strümpfe ausgezogen hat, können Sie diese (oder auch Seidenschals oder mal eine Krawatte aus seinem Schrank?!) verwenden, um seine Hände und Füße ans Bett oder aneinander zu fesseln. Binden Sie allerdings immer leicht zu öffnende Schleifen, keine furchterregenden Knoten! Das Spiel macht keinen Spaß, wenn jemand dabei zu Schaden kommt.

Wie wäre es mit einer Augenbinde? Reizen Sie Ihren willigen Sklaven ein wenig mit dem Staubwedel, verwöhnen Sie seinen Penis abwechselnd mit dem Staubwedel und mit Ihrer Hand. Streicheln Sie ihn und liebkosen Sie ihn dann mit dem Mund – immer abwechselnd. Er wird sich nie wieder losbinden lassen wollen! Außerdem geben Sie ihm eine Menge Anregungen, die er dann kreativ bei Ihnen zum Einsatz bringen kann.

Handschellen mit Klettverschluss sind im Handel für 30 bis 40 Euro erhältlich.

## Outfits und Kostüme

Neulich erzählte eine Frau im Radio, dass sie sich im Karneval als sexy Vampir verkleidet hatte. Sie und ihre beste Freundin trugen Halsbänder und wurden von deren Ehemann an der Leine geführt. Es klang, als habe sich diese Frau eine Menge Mühe mit ihrem Kostüm gegeben; sie hatte sich sogar extra ein Lederbustier und ein Vampirgebiss ausgeliehen. Sie erzählte, wie dieses Kostüm ihre Persönlichkeit verändert und wie viel Spaß sie daran hatte, interessierten Männern die Zähne zu zeigen. Einige *bettelten* förmlich darum, die Leine auch einmal in die Hand nehmen zu dürfen. Können Sie sich das vorstellen? Je mehr sie fauchte, umso mehr wurde sie begehrt. Sie empfand diesen Abend als ungeheuer erotisch und aufregend.

Welches besondere Kostüm oder Outfit hätte eine solche Wirkung auf Sie? Eine unanständige Krankenschwester? Ein Cowgirl? Polizistin? Tarzans Jane? Träumen Sie nicht nur davon, setzen Sie es in die Tat um! Karneval gibt uns eine einmalige Gelegenheit, ungeniert neue Persönlichkeiten auszuprobieren. Wenn Ihr Partner einem solchen Rollenspiel gegenüber aufgeschlossen ist, können Sie gleich heute Abend damit beginnen. Vielleicht hat ja auch Ihr Liebster Lust, einen Part zu übernehmen: den des Bauarbeiters, der zu einer ärztlichen Routineuntersuchung geht – und wie es der Zufall so will, ist der Arzt gerade zu einem Notfall gerufen worden, und so müssen *Sie* ihn durchchecken. Ich habe Tausende Ideen für solche Szenen – und Sie sicher auch. Trauen Sie sich!

Ein sexuelles Rollenspiel ist sehr erregend. Sie werden merken, dass Sie Dinge tun, sagen und erbitten (na gut, *fordern*), die Sie sich nicht zugetraut hätten. *Dress for sex-cess!*

Ab 30 Euro können Sie in Spielwarenläden und Sexshops Kostüme kaufen oder auch leihen.

## Ein Spiegel

Spieglein, Spieglein an der Wand, was ist der heißeste Sex im ganzen Land? Sex vor dem Spiegel – klarer Fall.

Manche Lebenskünstler machen sich die Mühe und hängen einen Spiegel an der Decke auf – aber auch nur, wenn sie in einem Land leben, in dem es selten Erdbeben gibt. Wie steht es aber mit einem frei stehenden Ganzkörperspiegel? Oder einem, der an einer Tür, z. B. der Schranktür, befestigt ist und so gedreht werden kann, dass Sie und Ihr Partner sich beim Sex zusehen können? Für viele Paare ist das sehr reizvoll, und sie probieren ständig neue Dinge aus, nur um zu sehen, wie es im Spiegel aussieht. Es ist, als hätten sie ihr eigenes Kino.

Sind Sie überrascht, wie viele alltägliche Haushaltsgegenstände – Dinge, die Sie bereits besitzen – ganz einfach zu erotischem Spielzeug umfunktioniert werden können? Wenn Sie den richtigen Blick haben, wird die ganze Welt bald ein einziger Spielplatz für Sie sein. Achten Sie jedoch immer darauf, dass niemand dabei zu Schaden kommt. Ein Bad Girl spielt wild, niemals aber gefährlich!

## Her mit dem Werkzeug

Ein Schreiner benötigt Sägen, Bohrer und Zangen. Ein Koch arbeitet mit Kochlöffeln, Töpfen und Pfannen. Ein Bad Girl benutzt Vibrator, Dildo und Gleitmittel – so ist das eben. Ein Bad Girl braucht ihr Werkzeug so wie ein Schreiner oder ein Koch – ohne die entsprechende Ausstattung kann man einfach keine gute Arbeit leisten! Selbstverständlich genügen zum Masturbieren Ihre zuverlässigen Finger, aber es ist ein Unterschied, ob Sie nur mit den Händen arbeiten oder einige der Ihnen zur Verfügung stehenden, fabelhaften kleinen Spielzeuge einsetzen. Das ist wie der Vergleich zwischen lauwarmem Kaffee aus dem Automaten und heißem Cappuccino aus frisch gemahlenen Bohnen mit einer Haube aus dickem Milchschaum und einer Prise Zimt – in einer Bar in Italien! Unvergleichlich!

Mittlerweile gibt es für Frauen und Männer eine solche Vielfalt an Produkten, dass eine Auswahl aus diesem riesigen Angebot schwierig wird. Schauen wir uns einige der derzeit beliebtesten Stücke an und bringen wir Sie damit auf den Geschmack.

## Dildos

Plump gesagt ist ein Dildo ein künstlicher erigierter Penis. Man könnte also meinen, es gäbe zwischen den verschiedenen Modellen keine besonders großen Unterschiede. Falsch! Wahrscheinlich gibt es genauso viele unterschiedliche Dildos auf dem Markt wie Penisse auf der Welt. Worauf achtet man also?

### Form

Dildos gibt es in unzähligen Formen. Sie können naturgetreue Modelle kaufen, manche sind gerade und andere ein wenig gebogen, so dass sie den G-Punkt stimulieren. Andere haben eine Eichel wie ein echter Penis, der Schaft hingegen ist ganz glatt. Wieder andere Dildos haben völlig andere Formen – es gibt zum Beispiel einen Dildo mit Namen Venus, der einem weiblichen Körper nachgebildet ist. Ich habe ihn zwar selbst noch nicht benutzt, finde ihn aber sehr ästhetisch, und er verkauft sich auf den entsprechenden Webseiten ganz ausgezeichnet.

Im Anhang finden Sie eine Liste von Geschäften und Online-Shops, die über ein riesiges Sortiment an Sextoys verfügen. Ich bin mir sicher – dort finden Sie, was Sie suchen!

*Größen*
Dildos gibt es in verschiedenen Durchmessern. Am leichtesten finden Sie die für Sie geeignete Größe heraus, indem Sie den Umfang der Finger abmessen, die Sie in erregtem Zustand am liebsten in Ihrer Vagina spüren. Die meisten Anbieter geben im Katalog oder auf der Website den Durchmesser der abgebildeten Dildos an. Wenn Sie es sich leisten können, Dildos in verschiedenen Stärken zu kaufen, haben Sie für jede Stimmung immer das richtige Utensil.
Dildos gibt es auch in unterschiedlichen Längen. Wenn Sie nur ein Exemplar kaufen, empfehle ich Ihnen eine Länge von mindestens 20 cm. Sie müssen nicht unbedingt immer den ganzen Dildo einführen – aber der Moment wird kommen, in dem Sie über jeden Zentimeter froh sind!

*Material*
Die meisten Dildos sind aus Silikon oder Gummi. Es gibt besondere Dildos aus Acryl oder aus einem neuen Material namens *Cyberskin*. Gummi ist von allen Materialien das biegsamste. So genannte *Jelly-Dildos* oder *Dongs* sind zum Beispiel sehr weich und flexibel, allerdings nicht für härtere Stöße geeignet.
Am weitesten verbreitet sind Dildos aus Silikon. Sie sind zwar etwas teurer als Gummidildos, fühlen sich dafür aber auch »echter« an. Die aufregendste Neuentdeckung ist *Cyberskin*, ein Material, das der menschlichen Haut so ähnlich ist, dass es sich sogar in der Hand leicht erwärmt.

*Farben*

Dildos gibt es in allen erdenklichen Farben: Die einen wirken eher natürlich, die anderen weniger (oder hatten Sie schon einmal Sex mit einem leuchtend orangefarbenen Penis?). Suchen Sie sich aus, was Ihnen gefällt. Ihr Good Girl lassen Sie dabei gar nicht erst zu Wort kommen. Bringen Sie Farbe in Ihr Leben, wenn Sie möchten!

## Vibratoren

In der Regel werden Vibratoren verwendet, um die äußeren Geschlechtsorgane zu stimulieren, allen voran die Klitoris. Sie können selbstverständlich auch in die Vagina eingeführt werden. Auch hier ist die Auswahl unbegrenzt. Ich halte es möglichst einfach und konzentriere mich auf zwei der gängigsten Modelle.

### (Zauber-)Stabvibratoren

Die Preise variieren zwischen 20 und 75 Euro. Ein solcher Vibrator besteht aus einem vibrierenden Kopf mit einem langen Körper (in den unterschiedlichsten Formen und Farben), in dem der Motor sitzt. Dieser batteriebetriebene Vibrator kann auf verschiedenste Weise eingesetzt werden. Sie können ihn zwischen Ihren Beinen einbetten, zwischen zwei Personen klemmen und natürlich Ihre Klitoris stimulieren. Ach, übrigens ist er auch ausgezeichnet für Kopf- und Schultermassagen geeignet! Einige Modelle haben zusätzliches Zubehör, zum Beispiel zur G-Punkt-Stimulation oder zur Anal-Stimulation.

### Vibratoren mit Netzteil

Diese Vibratoren sind günstig und effektiv – und man ist nicht auf Batterien angewiesen. Die Vibration ist auch hier zumeist stufenlos regulierbar, allerdings ist die Handhabung nicht ganz so »ortsunabhängig« wie die des Stabvibrators, da man sich in der Nähe einer Steckdose befinden sollte.

Aber das ist natürlich längst nicht alles – außerdem gibt es auch Vibratoren in Penisform, mit rotierenden Perlen gefüllte Vibratoren, wasserdichte, genoppte ...

## Gleitmittel

Gleitmittel sind einfach wunderbar, denn Sex wird dadurch noch aufregender, vor allem wenn Sie Dildos oder anderes Sexspielzeug verwenden. Auch hier gibt es ein unbegrenztes Angebot. Gleitmittel sind in allen nur erdenklichen Geschmacksrichtungen erhältlich – entweder wasserlöslich oder aber fetthaltig (beliebt bei Freunden des Analverkehrs). Aber Vorsicht: **Wenn Sie ein Latexkondom verwenden, ein Diaphragma oder ein anderes Verhütungsmittel aus Latex, verwenden Sie nur wasserlösliche Gleitmittel.** Ein fetthaltiges Gleitmittel kann die Wirkung von Latex beeinträchtigen.

Manche Gleitmittel sind dickflüssiger als andere. Einige eignen sich für Oralsex, andere sind sogar zum Verzehr geeignet, auch wenn sie nicht besonders gut schmecken. Eine meiner Lieblingswebseiten, www.liebes-teufel.de, hat eine große Auswahl an Gleitmitteln sowie nützliche Beschreibungen ihrer jeweiligen Qualitäten. Wenn Sie keinen Zugang zum Internet haben oder Ihr Gleitmittel noch heute brauchen, gehen Sie in eine Drogerie oder Apotheke und wählen Sie dort etwas Geeignetes aus.

## Zeit zum Spielen

Ich gehe davon aus, dass Sie mittlerweile Dildo, Vibrator und Gleitmittel besitzen. Wenn nicht, wird es höchste Zeit! Ohne Spielzeug verpasst man eine Menge Spaß.

Wenn Sie einen Computer mit Internetzugang besitzen, sind Sie von der aufregenden Welt der Sexspielzeuge nur einen Tastendruck entfernt. Im Anhang am Ende diese Buches finden Sie die Adressen, Telefonnummern und Webseiten einiger großer Spielzeugläden für Erwachsene. Einige davon schicken Ihnen auf Anforderung gerne einen Katalog zu, wenn Sie keinen Zugriff auf das Internet haben. Wenn Sie in einer größeren Stadt leben, kennen Sie vielleicht schon ein Geschäft, das auf Sextoys spezialisiert ist. Haben Sie keine Angst! Nehmen Sie eine Freundin mit und amüsieren Sie sich ein wenig. Alles, was Sie dort wirklich kaufen müssen, ist ein Dildo. Alles andere bekommen Sie auch in der Drogerie. Gehen Sie also auf Entdeckungsreise und kommen Sie mit einem Dildo zurück (oder zwei oder drei). Es würde mich allerdings wundern, wenn Sie außer dem Dildo nicht noch ein paar neue Ideen mitbrächten!

## ÜBUNG 5

### So verwenden Sie Ihren Vibrator

Nehmen Sie sich wie immer ausreichend Zeit und lassen Sie sich ohne Ablenkung und Unterbrechung auf die Übung ein. Beginnen Sie diese Übung mit einem warmen Bad. Entspannen Sie sich, kommen Sie zur Ruhe und blenden Sie den Alltag für eine Weile aus, so dass Sie sich ganz Ihrem eigenen Wohlbefinden und Ihrer Lust widmen können. Verwöhnen Sie sich mit einem seidigen Puder oder mit Ihrer Lieblingsbodylotion. Lassen Sie es sich richtig gut gehen.

1. Legen Sie sich gemütlich auf Ihr Bett. Atmen Sie einige Minuten ganz bewusst und tief durch. Entspannen Sie sich. Liebkosen Sie Ihren Körper mit den Fingerspitzen und erwecken Sie Ihre Sinne zum Leben.
2. Schalten Sie den Vibrator ein. Testen Sie ihn mit Ihrer Handfläche. Experimentieren Sie ein wenig mit Druck, Bewegung und gegebenenfalls mit Geschwindigkeit. Berühren Sie Ihren ganzen Körper mit dem Vibrator. Halten Sie ihn an Ihren Hals, Ihre Lippen, Ihre Brustwarzen. Gewöhnen Sie sich an die Empfindungen, die er an unterschiedlichen Stellen Ihres Körpers hervorruft.

3. Spreizen Sie Ihre Beine und halten Sie den Vibrator ungefähr fünf Zentimeter über Ihre Klitoris. Senken Sie ihn langsam, bis er fast Ihre Klitoris berührt und nehmen Sie ihn dann wieder etwas weg. Fühlen Sie seine Schwingungen an Ihrem Körper. Viele Frauen begehen den Fehler, nicht feinfühlig genug mit dem Vibrator umzugehen. Berühren Sie Ihren Körper damit nur ganz sanft. Ihre Klitoris ist äußerst empfindlich, und es ist absolut unnötig, sie wie mit einem Schlagbohrer zu bearbeiten. Wiederholen Sie diese zarten Berührungen. Genießen Sie die Wellen der Lust, die sich in Ihrem Körper ausbreiten.
4. Umkreisen und berühren Sie sanft Ihre Klitoris, nehmen Sie den Vibrator zwischen Ihre Schenkel und geben Sie sich Ihrem Orgasmus hin. Sollte das Ihr erster Orgasmus mit Hilfe eines Vibrators sein, dann wissen Sie jetzt, warum so viel darüber gesprochen wird. Ziemlich gut, nicht wahr? Und das ist erst der Anfang.

## ÜBUNG 6

*So verwenden Sie einen Dildo (mit Gleitmittel)*

Carpe dildum! Das ist lateinisch für »Nutze den Dildo«. Da Sie der Vibrator schon richtig schön in Schwung gebracht hat, ist nun ein ausgezeichneter Moment für die Einweihung Ihres neuen Dildos.
1. Waschen und trocknen Sie Ihren Dildo sorgfältig. Streicheln Sie ihn, riechen Sie an ihm, lecken Sie an ihm. Berühren Sie Ihren ganzen Körper damit. Geben Sie ihm einen Namen!
2. Reiben Sie den Dildo großzügig mit Gleitmittel ein. Den Rest geben Sie auf Ihren Vaginaleingang.
3. Spreizen Sie die Beine und setzen Sie die Füße flach auf, so dass Ihre Knie leicht angewinkelt sind. Spannen Sie Ihren PC-Muskel einige Male an, um Ihre Vagina zu entspannen. Führen Sie *ganz langsam* die Spitze des Dildos ein. Fühlen Sie jeden Millimeter. Wenn Sie die Spitze ganz eingeführt haben, halten Sie einen Moment inne. Sollten Sie vorher mit dem Vibrator zum Orgasmus gekommen sein, krampft sich der PC-Muskel unter Umständen ein wenig zusammen. Fühlt sich gut an, nicht wahr?

4. Ziehen Sie die Spitze des Dildos aus Ihrer Vagina. Atmen Sie tief durch und entspannen Sie all Ihre Muskeln. Wenn Sie mehr Gleitmittel benötigen, nur zu! Führen Sie dann den Dildo *langsam* ein bisschen weiter in Ihre Vagina ein. Wie reagiert Ihr Körper darauf? Auch wenn Sie es kaum erwarten können, den Dildo rhythmisch auf und ab zu bewegen, widerstehen Sie der Versuchung noch eine Weile. Ihre Erregung soll sich erst noch steigern. Ziehen Sie den Dildo wieder heraus.

5. Führen Sie den Dildo nun Stück für Stück weiter ein. *Lassen Sie sich Zeit.* Dies ist kein Wettlauf! Das Ziel dieser Übung ist, möglichst genau auf Ihre Empfindungen zu achten. Wenn Sie den Dildo ganz eingeführt haben, lassen Sie ihn an Ihrem Muttermund ruhen. Nehmen Sie sich viel Zeit, um die einzigartigen Empfindungen voll auszukosten. Sie haben das Ganze in der Hand. Machen Sie das Beste daraus!

6. Genauso langsam, wie Sie den Dildo eingeführt haben, werden Sie ihn nun auch wieder herausziehen. Ziehen Sie ihn sanft ein kleines Stück heraus und schieben Sie ihn dann wieder zurück. Ziehen Sie ihn jedes Mal ein wenig weiter heraus, bevor Sie ihn wieder hineinschieben. Nehmen Sie Ihren Muttermund sozusagen als Ausgangspunkt, an dem die Spitze des Dildos jedes Mal ein wenig verweilt. Was verursacht Ihnen mehr Lust? Die Vorwärts- oder die Rückwärtsbewegung? Oder ist beides gleich stark? Wie oft hat man schon die Gelegenheit, diese Gefühle so langsam und intensiv zu erleben, wenn ein Mann die Bewegungen ausführt – sicher nicht allzu häufig.

7. So viel zu den Grundlagen. Experimentieren Sie ruhig mit unterschiedlichen Geschwindigkeiten und Rhythmen weiter. Lassen Sie Ihre Hüften kreisen. Nehmen Sie immer ausreichend Gleitmittel. Atmen Sie tief durch und entspannen Sie Ihren Körper. Erleben Sie eine ganze Reihe von großartigen Orgasmen.

## »Bitte noch einmal die gemischte Platte ...«

Probieren Sie doch auch einmal folgende Kombinationen:

### Kombination 1: Dildo, Gleitmittel und PC-Muskel

Spannen Sie Ihren PC-Muskel an, während Sie nach einem tiefen Stoß den Dildo langsam herausziehen. Versuchen Sie, dabei die anderen Muskeln möglichst entspannt zu lassen. Durch jede Anspannung wird Ihr PC-Muskel gestärkt, und Sie nähern sich schrittweise einem außerordentlichen Orgasmus.

### Kombination 2: Dildo, Gleitmittel und Vibrator

Geben Sie Gleitmittel auf Ihren Dildo. Ziehen Sie Ihre Beine zu sich heran, bis Ihre Knie ein wenig angewinkelt sind. Spreizen Sie die Beine. Führen Sie den Dildo in Ihre Vagina ein und beginnen Sie mit sanften Stoßbewegungen. Halten Sie Ihren Vibrator in der freien Hand und stimulieren Sie damit gleichzeitig mit kurzen und leichten Berührungen Ihre Klitoris. Versuchen Sie, möglichst lange auf den einzelnen Leveln der Erregung zu bleiben, bis Sie sich schließlich **einem der besten Orgasmen Ihres Lebens** hingeben!

Weitere Varianten: Nehmen Sie den Dildo zwischen Ihre Oberschenkel, während Sie durch eine intensive Brustmassage zum Orgasmus kommen. Oder verwenden Sie den Staubwedel gemeinsam mit dem Vibrator. Ihrer Phantasie sind keine Grenzen gesetzt.

## Verabreden Sie sich zum Spielen

Kinder haben ständig Verabredungen zum Spielen. Warum machen Sie das nicht auch einmal? Schließlich macht es zu zweit doch viel mehr Spaß. Wenn Sie sich verabreden, sagen

Sie Ihrem Spielgefährten, dass Sie ein neues Spielzeug fürs Schlafzimmer gekauft haben und seine Hilfe beim Zusammenbauen benötigen. Männer lieben technische Herausforderungen!

Einige Frauen haben Angst vor der Reaktion des Mannes, wenn Sie beim Sex einen Vibrator oder Dildo zum Vorschein bringen. Lassen Sie mich Ihnen eines verraten: Sie werden kaum Zeit haben, ihn herauszuholen, bevor ihn Ihr erregter Partner bereits in Beschlag genommen hat. Für viele Männer sind Liebesspielzeuge tabu, es sei denn, eine Frau macht den Anfang. Schauen Sie der Sache also mit Zuversicht entgegen.

## ÜBUNG 7

*Zeit zum Spielen*

Richten Sie sich alle Utensilien in Reichweite des Bettes her. Sie brauchen mindestens einen Dildo, einen Vibrator, verschiedene Sorten Gleitmittel und mehrere Latexkondome.

*Variante 1*

Wenn Sie das erste Mal einen Vibrator gemeinsam mit Ihrem Partner ausprobieren, zeigen Sie ihm erst einmal, wie Sie den Vibrator an sich selbst verwenden. Sagen Sie ihm, wie viel Druck angenehm ist und wie lange er den Vibrator an Ihre Klitoris halten kann. Lassen Sie ihn nun eine Weile experimentieren und schildern Sie ihm Ihre Empfindungen.

Sobald er das richtige Gefühl für den Vibrator hat, geben Sie Gleitmittel auf seinen Finger und führen ihn in Ihre Vagina ein. Sie können statt des Fingers auch einen kleinen Dildo verwenden. Während er *langsam und sanft* seinen Finger oder den kleinen Dildo in Ihrer Vagina auf und ab bewegt, soll er Sie weiter mit dem Vibrator stimulieren. Wenn ihn das Halten des Vibrators *und* des Dildos im Moment überfordert, helfen Sie ihm.

Einige Frauen empfinden auch das Einführen eines Fingers oder Dildos in den Anus als angenehm. Wenn es Ihnen genauso geht, achten Sie darauf, dass Sie immer genug Gleitmittel verwenden. **Führen Sie nie ein Objekt, das sich bereits in Ihrem Anus befunden hat, wieder in Ihre Vagina (oder eine andere Körperöffnung) ein, ohne es vorher sorgfältig zu reinigen.** Das gilt auch für Ihre oder seine Finger – sonst riskieren Sie eine Infektion.

Wenn Sie zuvor auf dem Rücken lagen, drehen Sie sich doch einmal um, knien sich hin, wobei Kopf und Schultern auf dem Bett liegen und Ihr Po in die Höhe ragt. Ihr Partner kann Sie entweder zwischen Ihren Beinen hindurch oder von der Seite mit dem Vibrator berühren. In dieser Position können Sie sich außerdem weiter mit dem Dildo stimulieren. Wenn die Reizung Ihrer Klitoris zu stark wird, bitten Sie ihn ruhig, für eine Weile zu pausieren. Natürlich sind Ihnen phantastische Orgasmen von Herzen gegönnt, aber manchmal muss sich der Körper eben erst an die neue Form der Stimulation gewöhnen. Ihre Klitoris soll nicht überreizt oder überstrapaziert werden. Morgen ist schließlich auch noch ein Tag!

*Variante 2*
Hier ist eine andere Variante, um den Vibrator beim Liebesspiel mit Ihrem Partner einzusetzen:

Nehmen Sie eine Position ein, bei der Ihr Partner von hinten in Sie eindringen kann. Tragen Sie großzügig Gleitmittel auf seinen Penis auf und führen Sie ihn in Ihre Vagina ein. Während seiner Stöße stimulieren Sie sich mit sanften und kurzen Vibratorberührungen. Führen Sie den Vibrator dann ein bisschen weiter nach hinten und halten Sie ihn *ganz vorsichtig* an seine Hoden. Diesen intensiven Reiz hält ihr Partner wahrscheinlich nicht länger als ein paar Sekunden aus. Fragen Sie ihn, ob es ihm gefällt. Berühren Sie abwechselnd ihn und sich selbst mit dem Vibrator.

Sie können dabei auch auf Ihrem Partner sitzen. Während er in Sie eindringt oder Sie sich auf Ihm auf und ab bewegen, greifen Sie nach hinten und berühren von Zeit zu Zeit seine Schenkel, seine Hoden und seinen ganzen Schambereich mit dem Vibrator. Stimulieren Sie sich anschließend selbst. Spannen Sie immer wieder Ihren PC-Muskel an, besonders kurz vor dem Höhepunkt.

Berühren Sie abwechselnd sich selbst und ihn mit dem Vibrator. Spannen Sie Ihren PC-Muskel *fest* an, während Sie den Orgasmus erleben. So wird es mit Sicherheit für Sie beide ein äußerst lustvolles Erlebnis!

*Variante 3*
Folgende Variante wird Ihren Partner begeistern:
Lecken Sie den Penis Ihres Partners ganz langsam. Halten Sie ihn am Ansatz und wechseln Sie zwischen Lecken, Saugen und Masturbation. Erigiert sein Glied, dann umschließen Sie es möglichst vollständig mit einer Hand, während Sie mit der anderen den Vibrator nehmen und ihn gegen Ihren anderen Handrücken drücken. Die Schwingungen werden über Ihre Hand auf sein bestes Stück übertragen.
Nehmen Sie seinen Penis in den Mund, während Sie weiterhin den Vibrator gegen Ihre Hand halten. Sie haben sein Glied in Ihrem Mund und spüren, wie die Schwingungen durch Ihre Hand und seinen Penis auf Ihre Zunge und Lippen übertragen werden. Das ist ein tolles Gefühl! Bewegen Sie Ihren Kopf ganz langsam auf und ab. Nehmen Sie bisweilen seinen Penis aus Ihrem Mund und lecken Sie den Schaft der Länge nach ab. Drücken Sie ihn leicht mit der Hand, während Sie ihn immer schneller stimulieren. Wenn sich seine Atmung beschleunigt und er sich dem Höhepunkt nähert, nehmen Sie den Vibrator alle fünf Sekunden für fünf Sekunden weg. Wenn Sie ihn wieder anlegen, wird das Gefühl für Ihren Partner noch intensiver, und er wird schnell zum Orgasmus kommen.

Und das ist, wie man so schön sagt, nur die Spitze des Eisbergs. Je mehr Sie mit diesen und anderen Sextoys experimentieren, umso mehr Varianten werden Sie entdecken, erfinden (!) und genießen können.

## Die Exoten

Da Sie nun alle gängigen Liebesspielzeuge kennen gelernt haben, werfen wir einmal einen Blick auf etwas ausgefallenere Dinge für Ihre Sammlung.

## Lustkugeln und Butterflies

Eine Lustkugel ist ein eiförmiger Vibrator aus Kunststoff oder Metall. Bei vielen Modellen ist die Vibrationsstärke über eine Fernbedienung steuerbar. Die Kugel ist über ein langes Kabel mit einer kleinen Box verbunden, in der sich die Batterien befinden. Sie können die Kugel in der Hand halten, an jede beliebige Stelle Ihres Körpers legen oder sie an einem Gurt um die Hüfte tragen, so dass die Kugel Ihre Klitoris stimuliert.

Butterflies stimulieren die Klitoris ebenfalls durch Vibration, sind aber im Gegensatz zu Lustkugeln ausschließlich für den Einsatz im Vaginalbereich geeignet. Butterflies können mithilfe eines Gurts unauffällig unter der Kleidung getragen werden. Sie können also problemlos den ganzen Tag Ihre Klitoris stimulieren. Was für ein wunderbarer Gedanke!

## Ben-Wa-Kugeln und andere Objets du Sex

Eine Ben-Wa-Kugel ist ungefähr so groß wie eine Murmel, und in ihrem Inneren befindet sich eine kleinere Metallkugel. Ben-Wa-Kugeln werden (ganz vorsichtig) in die Vagina eingeführt und schwingen beim Gehen oder Masturbieren leicht, was bei vielen Frauen das Lustgefühl verstärkt.

Es gibt noch andere Arten von Kugeln zum Einführen in die Vagina. Einige davon sind zum leichteren Entfernen an einer Latexschnur befestigt. Schon das Herausziehen der Kugeln ist ein sehr lustvolles Erlebnis.

## Peitschen, Klatschen und Gerten

Wenn Sie und Ihr Partner durch das Experimentieren mit dem Holzlöffel Lust auf mehr bekommen haben, ist die Auswahl an außergewöhnlichen Hilfsmitteln nahezu unbegrenzt. Seien Sie sich allerdings bewusst, dass es bei dieser Art von Liebesspiel um Dominanz geht. Deshalb ist es ratsam, *vor* dem ersten Mal gemeinsam einige Grundregeln festzulegen, zum Beispiel »Was ist zu fest?«, »Wann ist es genug?«, »Bei STOP wird aufgehört!«. Sie müssen sich beide an diese Regeln halten, damit niemandem weh getan oder Angst gemacht wird. Haben Sie diese Grenzen aber einmal abgesteckt und fühlen sich in ihrem Rahmen sicher, dann stehen Ihnen viele lustvolle Stunden mit Verkleidungen, Rollenspielen und Peitschen bevor.

## Allerlei Spielzeug für den Analsex

Auch für Bad Girls mit einer Vorliebe für anale Penetration gibt es für jeden Geschmack das Richtige: dünn, dick, gerippt, gewellt, gebogen und gedreht. Einige Toys haben sogar einen Saugnapf, so dass man sie je nach Belieben auch am Boden oder an der Wand befestigen kann. All diese Produkte müssen immer mit viel Gleitmittel verwendet werden. Das gilt vor allem für Anal Plugs oder für Kugeln, denn deren Entfernen bereitet ein weitaus größeres Lustgefühl als das Einführen.

Anale Stimulation ist nicht nur etwas für Frauen – auch viele Männer empfinden Lust bei den unterschiedlichsten Varianten dieses Reizes, der vom Umkreisen des Afters mit dem Finger bis hin zur tatsächlichen Penetration reicht. Genauso reizvoll ist auch das *Schenken* dieses Lustgefühls. Wenn Sie auf diesem Gebiet ein wenig experimentieren möchten, dann fragen Sie Ihren Partner doch einfach ganz direkt, ob ihm das gefallen könnte.

## Erotische Videos

Videos können inspirieren, stimulieren und informieren. Fälschlicherweise heißt es oft, Frauen würden sexuell nicht auf visuelle Reize reagieren. Von wegen! Ich habe als Sexualtherapeutin die Erfahrung gemacht, dass die *Mehrheit* meiner Klientinnen sehr wohl von Sexfilmen oder entsprechender Lektüre erregt wird. Es fällt Ihnen anfangs vielleicht schwer, es zuzugeben, aber sobald Sie akzeptieren, dass es weder abartig noch sonderbar ist, können Sie durch Videos Ihr Liebesleben enorm bereichern.

Es gibt Pornos von höherer Qualität, mit ausgefeilter Handlung und vielschichtigen Charakteren genauso wie Low-Budget-Produktionen, die eher wie Amateurvideos wirken. Informierende Videos zeigen gezielt, wie Sie Ihr Sexleben verbessern können und wie spezielle Techniken ausgeführt werden. Mittlerweile gibt es für Frauen ebenso viele Videos wie für Männer. Viele davon sind je nach Geschmack für beide Geschlechter geeignet; zudem werden verstärkt Filme für Paare produziert, die Wert darauf legen, die erotischen Bedürfnisse beider Partner zu befriedigen.

Sie sehen also, auch im Bereich des Films ist die Auswahl riesig. Sie müssen dafür nicht einmal mehr in die Videothek gehen, denn auf den meisten der im Anhang aufgeführten Webseiten können Sie Filme online kaufen oder leihen. Zudem finden Sie eine kurze Inhaltsangabe sowie eine Beurteilung von jedem Video. Sollten Sie sich also noch nie das Vergnügen eines Pornos gegönnt haben, können Sie jetzt im üppigen Angebot schwelgen.

Jetzt brauchen Sie nur noch einen schönen Platz, um all Ihr Spielzeug aufzubewahren – und schon kann es losgehen. Worauf warten Sie also noch?

# Bad Girls brechen alle Regeln

Sie nähern sich dem Ende Ihrer Verwandlung. Das Good Girl, das einst dieses Buch aufschlug, ist nur noch ein kleiner Punkt am Horizont. Wie wird Ihr Liebesleben in Zukunft aussehen? Darauf gibt es keine eindeutige Antwort – und das ist auch gut so. Sie stehen an der Schwelle zu einem Neuanfang. In den letzten Jahren war Ihr Sexleben voraussehbar. Es gab erfreuliche Momente, vereinzelt sogar Höhepunkte, aber wirklich aufregend war es wahrscheinlich nie.

Vielleicht träumten Sie davon, dass Ihr Körper eines Tages seine ganze sexuelle Kraft wie von Zauberhand entfalten und sich Ihr Leben dadurch von Grund auf verändern würde. Im Laufe der Zeit aber gaben Sie diese Hoffnung auf ein Wunder auf und akzeptierten, dass Ihnen aufregende und lustvolle Abenteuer wohl nicht vergönnt waren.

Aber all das hat sich jetzt geändert, nicht wahr? Durch einige leichte Übungen und ein paar Tipps haben Sie die in Ihnen schlummernde sexuelle Kraft zum Leben erweckt – ganz ohne Wunder und ganz ohne Mann. Sie mussten nur den nötigen Mut aufbringen und Ihr Bad Girl »von der Leine lassen«.

Jetzt haben Sie es geschafft – Sie sind ein Bad Girl!

## Good Girls warten vergeblich auf guten Sex

Good Girls halten sich beim Sex immer an »die Regeln«. Die Liste dessen, was man angeblich darf und was nicht, ist lang – wer wo wie mit wem Sex haben darf, wer oben und wer unten liegt, wer wen wo anfassen darf ... Diese Fülle an Regeln und Restriktionen schüchtert Good Girls ein, so dass sie Angst haben, ihre Sexualität ungehemmt auszuleben. Also warten sie – darauf dass ER ...

- Lust auf Sex hat.
- die Führung übernimmt.
- den ersten Schritt macht.
- sie verführt.
- ihnen Lust schenkt.
- neue Ideen einbringt.

Wir haben allerdings schon viel zu viel Zeit mit Warten verschwendet – auf etwas, das wir die ganze Zeit schon besaßen.

Was fällt Ihnen auf, wenn Sie *jetzt* diese Liste durchgehen. Sträuben sich Ihnen die Haare? Wird Ihnen klar, wie unsinnig es war, ein solches Leben zu führen? Merken Sie, wie *mühsam* es war, ein Good Girl zu sein? Viel zu anstrengend – kein Wunder, dass Sie weder Lust noch Kraft für Sex hatten!

## Das Warten hat nun ein Ende

Bestimmt hatten Sie Ihre Gründe, ein Good Girl zu sein. Aber das ist Vergangenheit; Sie haben nun ein ganzes Buch voll mit Gründen, dieses langweilige und leidenschaftslose Leben hinter sich zu lassen. Der Moment ist gekommen, die alten Regeln zu brechen – ab jetzt übernehmen Sie selbst die Verantwortung für Ihr (Liebes-)Leben. Sie wissen, was Sie wollen, was Ihnen gefällt, wie Sie es bekommen und sind deshalb von keinem Mann mehr abhängig.

Ich habe Ihnen in diesem Buch weder den Geschlechtsakt detailliert beschrieben, noch eine Unmenge von Stellungen erläutert oder die männliche Anatomie bis ins Kleinste dargelegt. Ich habe Ihnen nichts von Tantra-Sex und stundenlangen Orgasmen erzählt, denn all das können Sie in anderen Büchern nachlesen. Ich wollte Ihnen zeigen, wie Sie zu Ihrer eigenen Sexualität finden, wie Sie verstaubte Regeln zu Recht missachten und Tabus brechen, um ein erfülltes Sexleben genießen zu können. Warum das in keinem anderen Buch steht?

Weil die einzige Person, die Ihnen diesen Weg zeigen kann, Sie selbst sind.

In den ersten neun Kapiteln haben Sie das Geheimnis Ihrer eigenen Kraft und Persönlichkeit entdeckt. In diesem letzten Kapitel werde ich Ihnen verraten, wie Sie diese Kraft für den Rest Ihres Lebens nutzen können. Die Antwort besteht aus nur fünf Wörtern: **Sie müssen die Regeln brechen.**

## Ein Leben voller sexueller Überraschungen

Das Schönste am *Bad Girl Sex* ist, dass er in keine Schublade passt. Er ist nie derselbe, fühlt sich nie gleich an, beginnt nie gleich und endet nie gleich – und genau das ist der springende Punkt. Ein Bad Girl kann ihren Partner und – was noch viel wichtiger ist – sich selbst immer wieder überraschen. Bad Girls überraschen durch ihre Lust, ihre Neugier, ihre Experimentierfreudigkeit, ihre körperlichen Empfindungen und die Intensität Ihrer Orgasmen. Es verblüfft sie immer wieder, wie sehr sie sich gehen lassen können, wie viel sexuelle Energie in ihnen steckt und wie leidenschaftlich sie sind. Das ist Ihre Belohnung dafür, dass Sie Ihr Leben als Good Girl aufgegeben und sich zu Ihrem Bad Girl bekannt haben.

## Der erste Schritt in Ihr neues Sexleben

Jedes Ende ist ein neuer Anfang. Sie beginnen nun ein Leben, das in Bezug auf Sex keine Grenzen kennt.

Wie oft werden Sie Sex haben? Heute Nacht vielleicht dreimal, und dann vielleicht zwei Wochen gar nicht mehr. Oder vielleicht zweimal täglich in den nächsten zwei Jahren! Wie oft werden Sie masturbieren? So oft wie nötig, um ein erfülltes und ausgeglichenes Liebesleben zu haben. Werden Sie verschiedene Stellungen ausprobieren? Natürlich, wenn Ihnen der Sinn danach steht. Und womöglich sind es ganz andere als

197

die, deren Abbildungen Sie irgendwo gesehen haben. Vielleicht liegen Sie vollkommen nackt auf Ihrem Esstisch und essen sich an Braten und Kartoffelbrei satt, während Ihr Liebster sich an Ihnen labt. Vielleicht liegen Sie aber auch bequem auf dem Bauch in Ihrem Bett und schauen sich die Nachrichten an – dabei sind Sie von der Hüfte abwärts nackt, und Ihr Partner macht völlig hemmungslos *wirkliche* Schlagzeilen. Wenn Sie mit allen alten Regeln brechen, wird jeder Tag anders und jedes sexuelle Erlebnis ein Abenteuer.

*Zum Ersten, zum Zweiten und ... zum Dritten!*

Ich frage Sie nun noch einmal: Sind Sie bereit, sich unsinnigen Regeln zu widersetzen? Sind Sie bereit, alles hinter sich zu lassen, was Sie über Jahre hinweg eingeschränkt, kontrolliert, unterdrückt und gehemmt hat? Sind Sie bereit, Ihr Leben erotischer zu gestalten? Sind Sie bereit, nie wieder ein Good Girl zu sein? Ich glaube, Sie sind von Ihren Entdeckungen so begeistert, dass Sie bereitwillig Ihre sexuelle Vergangenheit hinter sich lassen und *nie* mehr zurückschauen werden.

Herzlichen Glückwunsch! Ab heute sind Sie ein wahres Bad Girl. Gratulieren Sie sich selbst zu Ihrer tollen Leistung. Heute beginnt der beste Teil Ihres Lebens!

# ANHANG
# Shop till you drop

## Der Klassiker: BEATE UHSE

*www.beate-uhse.de*
Diese Internetseite ist bei weitem die umfassendste und vielfältigste zum Thema Sex. Sie bietet eine erstaunlich große Auswahl an Produkten und informativen Beschreibungen.

Beate-Uhse-Läden gibt es in jeder größeren Stadt. Sie können aber auch einen kostenlosen Katalog unter 0190 64 66 88
anfordern oder natürlich direkt online bestellen.

## LADIES FIRST

*www. ladiesfirst.de*
Diese Seite ist speziell für Frauen entworfen und zusammen-
gestellt. Sie ist optisch schön gestaltet und sehr geschmackvoll;
Sie finden dort alles zum Thema Erotik und können entweder
anspruchsvoll online stöbern oder aber einen Ausflug nach
München unternehmen und direkt im Laden einkaufen:

Kurfürstenstraße 23
80801 München
Tel.: 0 89 – 2 71 88 06
Fax: 0 89 – 2 71 89 18
Auf Anforderung erhalten Sie den kostenlosen Katalog gegen
Rückporto per Post.

## LIEBES-TEUFEL

*www.liebes-teufel.de*
Diese Seite hat wahrscheinlich die vielfältigste Auswahl an
Dildos im Internet. Sie bekommen dort auch Dildos aus Cy-
berskin und unglaublich viele weitere Hightech-Produkte.

## LUSTMITTEL

*www.lustmittel.com*
Hier finden Sie jede Menge Spielzeug, Dessous und tausend andere aufregende Dinge für Mann *und* Frau.
Bestellen können Sie ganz einfach online.

## EROTIK SHOP 99

*www.erotikshop99.de*
Hier ist alles rund um das Thema Erotik zu finden: Bücher, Magazine, Videos, Dessous – und Sie können sogar auf Schnäppchenjagd gehen.
Den aktuellen Katalog können Sie online oder per Fax bestellen: 0 43 21-69 59 91.

## DESSOUSWORLD

*www.dessousworld.de*
Sie interessieren sich für Rollenspiele und wissen nicht, wo Sie das Richtige finden sollen? Dann sind Sie hier richtig! Hier gibt es neben verführerischen und sexy Dessous auch diverse Outfits und Kostüme, die Sie online bestellen können.
Fordern Sie doch einfach per Fax einen Katalog an: 0 74 71-1 29 49.

# Register

Pepper Schwartz

## Vergessen Sie alles, was Sie über Liebe und Sex wissen und lesen Sie dieses Buch!

25 Lügen über Liebe

*Broschur, 320 Seiten, ISBN 3-7205-2302-0*

Muss der Partner wirklich der beste Freund sein?
Wieso soll man partout nicht beim ersten Date mit einem Mann
ins Bett gehen? Und was spricht gegen Geheimnisse in einer Beziehung?

Die perfekte Partnerschaft – alle suchen danach und verzweifeln daran.
Schuld sind die Wahrheiten und guten Ratschläge, die jeder Liebe
im Weg stehen. Pepper Schwartz zeigt witzig und erfrischend direkt,
dass es genau diese Mythen sind, die in Partnerschaften zu
überhöhten Erwartungen führen und sich zu »Beziehungskillern«
entwickeln. Nur wer sich von den gängigen Vorstellungen zum Thema
Liebe und Sex befreit und offen für neue Gedanken ist, kann den Weg zu
einer dauerhaften, erfüllten und individuellen Partnerschaft finden.

Ein Buch für alle, die nicht die gleichen Fehler
wie alle anderen machen möchten!

ARISTON

Jenny Hare

## Think Sex

Sieben Geheimnisse für atemberaubenden Sex

*Broschur, 184 Seiten, ISBN 3-7205-2245-8*

So locken Sie den Tiger auf den Berg!

Lassen Sie sich nicht weismachen, dass Sex eine rein körperliche
Angelegenheit ist. Tatsache ist – guter Sex beginnt im Kopf!
Jenny Hare beschreibt Aphrodisiaka für ein Feuerwerk der Lust.
Sie zeigt, wie im erotischen Spiel Körper und Geist
eine tiefe und kraftvolle Verbindung eingehen und verrät,
wie Sie in die Sehnsüchte Ihres Partners eintauchen und Ihre
innersten erotischen Wünsche verwirklichen können.
Eine atemberaubende Welt sexueller Möglichkeiten öffnet sich:
Durch Visionen, Fantasie, Berührung, Düfte, Geschmack,
Klang und Rhythmus können wir eine Fülle erotischer Signale senden.
Jeder kann *Die sieben Geheimnisse für atemberaubenden Sex* für sich
und seinen Partner immer wieder neu entdecken!

ARISTON

Mina Hamilton

## Relaxt durch den Tag

40 Ruheinseln in der alltäglichen Hektik

*Broschur, 156 Seiten, ISBN 3-7205-2301-2*

ENTSPANNUNG FÜR UNTERWEGS!

Die Bahn fährt Ihnen morgens vor der Nase weg, Ihr Chef bittet Sie
zu einem unangenehmen Meeting, der Aufzug ist völlig überfüllt und
die Warteschlange im Supermarkt schier unerträglich – Hektik und
auch Ärger begleiten uns oft an normalen Arbeitstagen vom Aufstehen
bis zum Schlafengehen, und es bleibt kaum ein Moment für Entspannung.
Aber es geht auch anders! Stress und Entspannung liegen näher
beieinander, als man denkt – wie wäre es zum Beispiel mit einer
Meditation in der U-Bahn, ohne dass es die Mitreisenden bemerken?

Mina Hamilton begleitet den Leser durch einen Arbeitstag und zeigt die
»Ruheinseln« im Tagesablauf, auf die man sich zur Entspannung
zurückziehen kann. Selbst in stressigen Alltagssituationen findet man
so durch bewusstes Atmen, leichte Dehnübung und eine positive
Einstellung wieder Kraft und innere Ruhe – ob am Schreibtisch,
an der Bushaltestelle oder im Stau.

ARISTON

Rhonda Britten

**Keine Angst vor der Angst!**

Das Fearless-Living-Programm

*Gebunden mit Schutzumschlag, 304 Seiten, ISBN 3-7205-2300-4*

Als Rhonda Britten vierzehn Jahre alt war, erschoß ihr Vater erst die
Mutter und dann sich selbst – vor den Augen der Tochter.
Erst Jahre später gelang es Rhonda Britten, dieses Trauma zu überwinden.
Sie entwickelte das Selbsthilfe-Programm *Fearless Living*™, dass ihr
Leben von Grund auf veränderte – und engagiert sich nun dafür,
auch anderen bei der Bewältigung ihrer Ängste zu helfen.

Mit zahlreichen Beispielen aus dem Leben der Autorin und ihrer Klienten
bietet »Keine Angst vor der Angst!« tiefgreifende Einsichten in das
grundlegende Potenzial des Menschen, seine inneren Kräfte
und Fähigkeiten voll zur Entfaltung zu bringen, um ein erfülltes
und angstfreies Leben zu führen. Affirmationen, Übungen
und Tipps helfen, Zweifel zu überwinden
und der Intuition zu vertrauen.

ARISTON